STARK

INTERPRETATIONEN ENGLISCH

Vikas Swarup

Q&A – Slumdog Millionaire

Interpretiert von
Rainer Jacob

STARK

Bildnachweis
Umschlag: © ullstein bild – SIPA
S. 4: © Getty Images
S. 31: © Cinetext/Allstar
S. 54: © Pcheruvi/Dreamstime.com
S. 55: © Picstudio/Dreamstime.com
S. 71: © Murat Subatli – Fotolia.com
S. 72: © Geldscheine © Yogesh More – Fotolia.com, Musketiere © Cinetext/Allstar/Summit Ent.
S. 75: © Foto: Yann; http://commons.wikimedia.org/wiki/File:Taj_Mahal,_Agra,_India.jpg; liz. CC SA 3.0 unported
S. 81: © Bloomberg via Getty Images
S. 91: CIA World Factbook, http://commons.wikimedia.org/wiki/File:Kashmir_map.jpg
S. 92: © Eagleflying/Dreamstime.com

ISBN 978-3-86668-512-3

www.stark-verlag.de
1. Auflage 2011

Inhalt

Vorwort

Einführung 1

Biografien und Entstehungsgeschichte 3

Inhalt 5

1 Roman 5
1.1 Schaubild zu den Handlungsorten 5
1.2 Inhaltsangaben nach Kapiteln 6
1.3 Tabellarische Handlungsübersicht 20

2 Film 23

3 Vergleich Roman – Film 27
3.1 Schaubild zu ähnlichen Szenen 27
3.2 Übernahmen, Streichungen und Änderungen 29
3.3 Tabellarische Gegenüberstellung der Quizfragen 32

Textanalyse und Interpretation 35

1 Personenkonstellation und Charakterisierungen im Roman 35

2 Personenkonstellation und Charakterisierungen im Film 46

3 Struktur und Erzählperspektive im Roman 53
3.1 Struktur 53
3.2 Schaubild zum Aufbau des Romans 57
3.3 Erzählperspektive des Romans 58

4 Struktur des Films 60
4.1 Schaubild zum Aufbau des Films 60
4.2 Strukturelle Merkmale des Films 61

5 Sprache und Stil im Roman 63

6 Filmische Mittel in *Slumdog Millionaire* 67

7 Symbolik in Roman und Film 71

8 Zentrale Themen und Motive 73
8.1 Übersicht 73
8.2 Soziale und wirtschaftliche Bedingungen 75
8.3 Religion und Politik 85
8.4 Bollywood 92
8.5 Persönliche Beziehungen 95

9 Interpretation von Schlüsselstellen 98

Rezeptionsgeschichte 109

Literaturhinweise
Anmerkungen

Autor: Rainer Jacob

Vorwort

Liebe Schülerinnen, liebe Schüler,

dieser Band ermöglicht Ihnen ein umfassendes Verständnis sowohl des Romans *Q&A* von Vikas Swarup als auch des auf dem Roman basierenden Films *Slumdog Millionaire.* Sie erhalten Unterstützung bei der Erarbeitung beider Werke sowie bei der Vorbereitung auf den Unterricht und Prüfungen.

Der erste Teil informiert Sie über den Romanautor Vikas Swarup und den Filmregisseur Danny Boyle. Die ausführliche **Inhaltsangabe** von *Q&A* und eine Darstellung der **unterschiedlichen Umsetzung im Film** bilden die Grundlage für eine vertiefte Interpretation. Das Kapitel „Textanalyse und Interpretation" erläutert die **Personenkonstellation** und enthält die Charakterisierungen der handelnden Personen. Zudem werden die **Struktur** und die **Erzählperspektive** des Romans analysiert sowie die **filmischen Mittel** bei der Umsetzung in bewegte Bilder aufgezeigt. Auch der Abschnitt **Zentrale Themen und Motive** gibt zunächst in einem Schaubild einen Überblick, bevor die wichtigsten gesellschaftlichen und politischen Aspekte, die den Hintergrund von Roman und Film bilden, ausführlich erklärt werden. Im Mittelpunkt der **Interpretation von Schüsselstellen** stehen vier Episoden, von denen drei jeweils nur im Roman oder nur im Film vorkommen. Bei einer vierten wird die Umsetzung einer Romanszene im Film analysiert. Der Abschnitt **Rezeptionsgeschichte** informiert über die überwiegend enthusiastische, zum Teil aber auch kritische Aufnahme von *Slumdog Millionaire* und *Q&A.*

Für Ihre Vorbereitung auf Prüfungen, Klausuren und bei der Wiederholungsarbeit wünsche ich Ihnen viel Freude und Erfolg.

Rainer Jacob

Einführung

Die Sensation bei der Oscar-Verleihung 2009 war der Erfolg eines Films, in dem nicht renommierte Stars, sondern Kinder und weniger bekannte Schauspieler die Hauptrollen spielten: *Slumdog Millionaire* erhielt insgesamt acht Oscars. Völlig überraschend war der Triumph für Insider jedoch nicht, denn hinter dem Erfolg standen Meister ihres Fachs: der britische Regisseur Danny Boyle *(Trainspotting, The Beach)* und sein Drehbuchautor Simon Beaufoy *(The Full Monty)*, die schon für mehrere Kinohits verantwortlich zeichneten.

Slumdog Millionaire bietet in mehrfacher Hinsicht eine erfrischende Abwechslung zum Hollywood-Kino: eine ergreifende und spannende Geschichte, erzählt in rasanter Bildfolge und untermalt von schwungvoller Musik. Im Zentrum des Films steht die Geschichte der Brüder Jamal und Salim aus den Slums von Mumbai. Nach dem gewaltsamen Tod ihrer Mutter sind sie gezwungen, für sich selbst zu sorgen und müssen mit zum Teil grauenvollen Lebensbedingungen fertig werden. Jamal bleibt auf dem Pfad der Tugend, während Salim sich für eine Karriere als Gangster entscheidet. Überlagert wird dieser Handlungsstrang von einer Liebesgeschichte, in der Jamal, der „Loser" aus dem Slum, tapfer gegen alle Widerstände kämpft. Der Zuschauer steht auf der Seite des sympathischen Underdog und fiebert mit ihm mit, bis er schließlich den Aufstieg schafft und am Schluss belohnt wird, und zwar nicht nur mit dem Herz seiner Angebeteten, sondern auch mit dem Hauptgewinn der Quizshow *Who Wants To Be A Millionaire?*. Insofern besitzt der Film eine märchenhafte, fast kitschige Story, die aber nie peinlich wird, weil sie eingebettet ist in die ernüchternde und brutale Realität des modernen Indien, zumindest wie die Autoren sie sehen. Sie zeigen nicht das im Westen weit verbreitete Touristenklischee von Indien als exotischem Land der Maharadschas, sondern eine Nation im Umbruch, die von bitterer Armut, Kriminalität, Prostitution und Gewalt gekennzeichnet ist. Diese drastische Darstellung stieß auf ablehnende Kritik; das Schlagwort „poverty porn" machte die Runde.[1] Den Vorwürfen begegnete Regisseur Danny Boyle mit den Worten:

> *I didn't want to go [to India] and bring a Western perspective, and depict this all as shocking. This isn't a Western kid that we're following [...], but a kid who was born there. And like all kids, what he sees around him every day is normal. [...] It's easy to say this is all disgusting, but that's not the way these people see it.*[2]

Die Kritik, ein einseitiges negatives Bild Indiens zu zeichnen, traf auch Vikas Swarups Roman *Q&A*, der die Vorlage zum Film lieferte. Zudem verdammte der angesehene indische Schriftsteller Salman Rushdie *Q&A* als „Kitschstory mit einer völlig unglaubwürdigen Handlung".[3] Dessen ungeachtet profitiert der Roman von der weltweiten Akzeptanz des Films. Die Lektüre des Romans zeigt, dass *Slumdog Millionaire* und *Q&A* eigenständige Kunstwerke darstellen. Gemeinsam sind beiden einige Motive und Personen, ansonsten wurde Swarups Vorlage grundlegend umgearbeitet. Während der Film eine chronologische Handlung bietet, besteht der Roman aus einer Reihe unabhängiger Geschichten, die durch die Person des Icherzählers Ram Mohammad Thomas zusammengehalten werden.

Beide Werke zeigen, dass *‚street' knowledge* (durch Erfahrungen vermitteltes Wissen) seinen eigenen Wert besitzt gegenüber formaler Bildung *(‚book' knowledge)*. Hier hilft es einem Menschen, der von ganz unten kommt, zum Millionär zu werden. Ein modernes Märchen also und somit Trost und Hoffnung für die Millionen, die noch mit den Widrigkeiten des Alltags kämpfen.

Biografien und Entstehungsgeschichte

Vikas Swarup

Der Autor von *Q&A* wurde 1963 in Allahabad (im indischen Bundesstaat Uttar Pradesh) geboren. Seit früher Kindheit war Swarup ein begeisterter Leser und verschlang vor allem Kriminalromane. Nach dem Universitätsstudium (Psychologie, Geschichte, Philosophie) trat er 1986 in den diplomatischen Dienst seines Heimatlandes ein und bekleidete verschiedene Posten in der Türkei, den USA, Äthiopien und Großbritannien. In den letzten Monaten seiner Tätigkeit in London schrieb er seinen ersten Roman *Q&A* (= *Questions and Answers*; dt. Titel: *Rupien! Rupien!*). Die Idee kam ihm anlässlich eines Betrugsskandals, der die populäre Quizsendung *Who Wants To Be A Millionaire?* betraf. Einem Teilnehmer („the coughing major“) war es gelungen, alle Fragen zu beantworten und damit eine Million Pfund zu gewinnen. Bei genauerem Studium der TV-Aufzeichnung stellte man fest, dass Komplizen dem Kandidaten durch Hüsteln die jeweils richtige Lösung signalisiert hatten. Die Betrüger wurden vor Gericht gestellt und verurteilt. Eine weitere Anregung zu seinem Roman erhielt Swarup durch das Projekt *Hole in the Wall*, das Kindern in einem Elendsviertel von Neu Delhi Zugang zu Computern ermöglicht. *Q&A* wurde in über 40 Sprachen übersetzt und 2008 verfilmt. Im gleichen Jahr erschienen Swarups zweiter Roman *Six Suspects* sowie die Kurzgeschichte „A Great Event“.

Danny Boyle

Der Regisseur von *Slumdog Millionaire* wurde 1956 in Radcliffe (England) geboren. Seine Eltern waren irische Katholiken, und Danny sollte eigentlich Priester werden. Doch sein Interesse für das Theater führte ihn nach dem Studium in Bolton und an der University of Wales in Bangor nach London, wo er als Regisseur arbeitete. 1982 wurde Boyle künstlerischer Leiter des Royal Court Theatre und begann mit ersten Filmarbeiten für die BBC.

Sein Regiedebüt, der Psychothriller *Shallow Grave* (1994), war ein kommerzieller Erfolg, doch erst mit *Trainspotting* (1996) wurden er und Hauptdarsteller Ewan McGregor zu Stars. Hollywood-Produzenten wurden auf ihn aufmerksam und engagierten ihn für die Filme *A Life Less Ordinary* (1997) und *The Beach* (2000). Es folgten z. B. der Horrorfilm *28 Days Later* (2002) und der biografische Abenteuerfilm *127 Days* (2010, wieder zusammen mit Drehbuchautor Simon Beaufoy). Mit Beaufoy arbeitete Boyle 2008 auch Vikas Swarups Roman *Q&A* zum Welterfolg *Slumdog Millionaire* um, der 2009 mit acht Oscars ausgezeichnet wurde, u. a. in der Kategorie „Beste Regie“.

Vikas Swarup (links) und Danny Boyle (rechts) bei der Oscarverleihung 2009

Inhalt

1 Roman

1.1 Schaubild zu den Handlungsorten

Folgendes Schaubild gibt einen ersten Überblick über die Handlungsorte und -elemente in *Q & A*.

1.2 Inhaltsangaben nach Kapiteln

Prolog

Der 18-jährige Icherzähler Ram Mohammad Thomas, der als Kellner in Jimmy's Bar and Restaurant in Mumbai arbeitet und in Dhavari, dem größten Slum der Stadt, wohnt, wurde verhaftet und ins Polizeirevier gebracht. Er konnte in der TV-Sendung *W3B (Who Will Win A Billion?)*, einer Quizshow im Stil von *Who Wants To Be A Millionaire?*, alle zwölf Fragen beantworten und nun steht ihm eigentlich der Hauptgewinn (1,000,000,000 Rupien) zu. Die Sendung wurde aufgezeichnet, aber noch nicht gesendet. Die zwielichtigen TV-Produzenten wollen den Gewinn aber nicht auszahlen, da sie zum einen dem einfachen Kellner einen derartigen Wissensstand nicht zutrauen ("He's just a dumb waiter in some godforsaken restaurant, for Chrissake!", S. 15). Zum anderen scheuen sie auch die finanziellen Konsequenzen für ihre Produktionsfirma – die Auszahlung des Gewinns würde den Bankrott bedeuten. Daher versichern sie sich der Dienste der korrupten Polizei, die dem Jungen Betrug nachweisen bzw. ihn zu einem Geständnis bewegen soll. Trotz Folter bleibt Ram aber standhaft, denn er will seinen Gewinn auf alle Fälle erhalten.

In letzter Minute wird er von einer Anwältin namens Smita Shah, die den Polizisten massiv mit juristischen Konsequenzen droht, aus den Händen der Folterer befreit. Smita Shah bringt Ram in ihrer Wohnung in Sicherheit. Auf ihre Frage, wie es Ram möglich gewesen sei, alle zwölf Fragen richtig zu beantworten, versichert er, die Antworten hätten sich aus seinen eigenen Erlebnissen ergeben. Smita und Ram sehen sich eine DVD mit der Aufzeichnung der Quizsendung an und Ram erzählt nach und nach die Episoden aus seinem Leben, die es ihm ermöglichten, die jeweiligen Fragen korrekt zu beantworten ("I didn't guess those answers. I knew them.", S. 29).

1,000 – The Death of a Hero

Ram ist zwölf und wohnt mit seinem besten Freund Salim, der als *dabbawallah* (d. h. er liefert Büroangestellten ihr Mittagessen, das zu Hause für sie gekocht wurde) arbeitet, in einem *chawl* (= heruntergekommener Wohnblock) in Mumbai. Gemeinsam sehen sich die beiden Freunde einen Bollywood-Film an, in dem der von Salim glühend verehrte Schauspieler Armaan Ali ("The ultimate action hero. The Indian Greek God. The heart-throb of millions.", S. 31) die Hauptrolle spielt. Salim ist dem von ihm so angehimmelten Star sogar schon einmal persönlich begegnet und hat sein gesamtes Zimmer mit Bildern von Armaan Ali dekoriert. Er leidet mit seinem Idol, als dessen Romanze mit einem Model zu Ende zu gehen scheint. Außerdem verteidigt Salim seinen Star gegen das böse Gerücht, Armaan Ali sei schwul. Während des Kinobesuchs – Salim hat den Film schon achtmal gesehen – setzt sich ein alter Mann neben den Jungen und beginnt wenig später ihn sexuell zu belästigen. Als Salim sich gegen die Übergriffe wehrt, muss er entdecken, dass es sich bei diesem Mann um den verkleideten Armaan Ali handelt.

Ram und Smita sehen sich die Aufzeichnung der Quizshow weiter an. Rams Erinnerung an diese Episode lässt ihn mit Leichtigkeit die Frage beantworten, in welchem Film Armaan Ali zum ersten Mal an der Seite von Priya Kapoor spielte *(Betrayal)*.

2,000 – The Burden of a Priest

Ram erzählt von seiner Herkunft ("I was born eighteen years ago on Christmas Day.", S. 48). Seine Mutter, die er nie kennenlernte, legte ihn als Neugeborenen in einer Altkleidertonne in der Nähe der Kirche St. Mary in Delhi ab. Zwei Jahre bleibt er im dortigen Waisenhaus, weil ihn zunächst niemand adoptieren möchte ("Perhaps I was too dark. Too ugly.", S. 49). Schließlich nimmt sich auf Anraten des Priesters das kinderlose Ehepaar

Thomas des Jungen an. Kurz darauf verlässt jedoch Mrs Thomas ihren Mann, der Ram daraufhin wieder in der Kirche abgibt.

Der Junge wächst in der Obhut des Priesters Father Timothy auf und trägt zunächst den Namen „Joseph Michael Thomas". Doch auf Druck eines *All Faith Committees*, das sich für die Gleichberechtigung der Religionen einsetzt, wird er nach wenigen Tagen in „Ram Mohammad Thomas" umbenannt – nach langwierigen Diskussionen, wie man eine mögliche Benachteiligung einzelner Religionen ausschließen könnte. So sind in seinem Namen drei der Hauptreligionen Indiens – Hinduismus, Islam und Christentum – erkennbar.

Ram verbringt die in seiner Erinnerung glücklichsten sechs Jahre seines Lebens bei Father Timothy, obwohl die Zeit von dramatischen Ereignissen geprägt ist. Eines Tages zieht ein seltsamer Fremder im Priestergewand, der sich Father John Little nennt, in den Haushalt ein. Der junge Ram berichtet Father Timothy in seiner naiven Art – John Little nennt ihn „idiot orphan boy" (S. 59) – von den seltsamen Gewohnheiten (Drogenkonsum, homosexuelle Kontakte) des Gastes. Zur Katastrophe kommt es, als ein junger englischer Rucksacktourist namens Ian eintrifft. Als John Little sich an dem Jungen vergeht, stellt Father Timothy Little zur Rede und bei einer Schießerei in der Kirche kommen beide um. Es stellt sich heraus, dass Ian Father Timothys leiblicher Sohn ist. Ram, nun wieder Waise, kommt in das *Juvenile Home for Boys* (= Kinderheim) in Delhi.

Smita und Ram sehen sich die nächste Frage der Quizshow an, in der nach der Inschrift auf dem Kruzifix gefragt wird. Die Antwort „INRI" kann Ram nach seinen Erfahrungen im Haus von Father Timothy ohne Probleme geben.

5,000 – A Brother's Promise

Ram, der in einer Gießerei arbeitet, und Salim, der als *dabba-wallah* beschäftigt ist, leben in einem Zimmer in einem *chawl* Mumbais. Ram nennt diese Art von Behausungen „the smelly armpit of Mumbai" (S. 70), sind die Verhältnisse in den Wohnblocks doch nur unwesentlich besser als in den Slums.

Entgegen seinem eigenen Rat an Salim, sich nicht in die Angelegenheiten anderer einzumischen, tritt Ram für Gudiya, die Tochter der Familie Shantaram ein, die nebenan eingezogen ist. Ihr Vater ist ein Astrophysiker, der nach beruflichen Enttäuschungen zum Alkoholiker wurde, seine Stelle verlor und daher seinen bisherigen Lebensstandard aufgeben musste.

Durch die dünne Wand bekommt Ram mit, wie Shantaram seiner Tochter mit einem Teleskop Sterne und Planeten zeigt und ihr das Sonnensystem erklärt. Der Alkoholiker Shantaram wird bald zunehmend gewalttätig gegenüber seiner Familie. Als Gudiya, die ihre Mutter schützen möchte, mit heißem Tee überschüttet wird, organisiert Ram ihren Transport ins Krankenhaus. Er besucht sie dort und verspricht ihr, sie in Zukunft wie ein Bruder zu schützen. Als der betrunkene Shantaram sich eines Tages an seiner Tochter vergehen will, stürzt Ram ihn das Treppenhaus hinunter. Da er glaubt, Shantaram sei tot, flieht Ram nach Delhi und lässt Salim zurück.

Smita ist von dieser Geschichte sichtlich berührt, was Ram darauf zurückführt, dass sie eine Frau ist und sich gut in Gudiya hineinversetzen kann. Aufgrund der Begegnung mit Familie Shantaram kann Ram die Frage aus dem Bereich Astronomie problemlos beantworten.

10,000 – A Thought for the Crippled

Nach Father Timothys Tod kommt der 8-jährige Ram in ein Kinderheim in Delhi, das ihm, der aus dem behüteten Priesterhaushalt kommt, aufgrund der miserablen Zustände wie die

Hölle erscheint („a transfer from heaven to hell for me", S. 93). Schnell merkt er jedoch, dass es für andere Jungen, die aus üblen Familienverhältnissen kommen, ein Ort der Erlösung ist.

Ram lernt den zwei Jahre jüngeren Salim kennen, einen Moslem, der seine Familie durch gewalttätige fanatische Hindus verloren hat. Vorsichtshalber stellt Ram sich mit seinem muslimischen Vornamen „Mohammad" vor. Beide werden enge Freunde, da sie gemeinsame Vorlieben (z. B. für Bollywood-Filme) haben.

Bei einem Ausflug sagt ein Wahrsager Salim aufgrund seiner Handlinien eine Zukunft als Filmstar voraus und schenkt Ram eine Glücksmünze.

Ram rettet Salim vor den unsittlichen Übergriffen des tyrannischen Heimaufsehers Gupta und macht sich diesen dadurch zum Feind.

Nach zwei Jahren werden die beiden Jungen an einen Mann namens Babu Pillai, genannt Maman, verkauft, der sie mit nach Mumbai nimmt. Ram und Salim glauben, sie kommen in eine Schule, doch bald fällt ihnen die große Zahl behinderter und missgestalteter Kinder auf. Sie erhalten Gesangsunterricht und es stellt sich schnell heraus, dass Salim, der von einer Filmkarriere träumt, großes Talent hat; Ram ist dagegen weniger begabt.

Aus Erzählungen anderer Kinder wird klar, dass Maman eine Bettlerorganisation betreibt, dass er Kinder blendet und ihre Glieder verstümmelt, um das Mitleid potenzieller Spender zu wecken. Ram findet heraus, dass sie beide verstümmelt bzw. geblendet werden sollen. Gerade noch rechtzeitig gelingt den beiden die Flucht.

Sie suchen die ehemalige Schauspielerin Neelima Kumari auf, da sie von einem der Jungen erfahren haben, dass Neelima einen Diener sucht.

Die Quizfrage nach dem blinden Sänger Surdas kann Ram in Erinnerung an den Gesangsunterricht richtig beantworten.

50,000 – How to Speak Australian

Ram ist aus Mumbai nach Delhi geflohen, da er glaubt, Mr Shantaram in den Tod gestürzt zu haben. Als „Thomas“ findet er eine Anstellung als Diener im Haus der australischen Diplomatenfamilie Taylor. Colonel Taylor ist „The Man Who Knows“ (S. 126). Er kommt nicht nur den Verfehlungen des Personals auf die Schliche (Diebstahl, Verstöße gegen Anweisungen), sondern deckt auch Fehlverhalten in seiner eigenen Familie auf (Zigaretten- und Drogenkonsum der Kinder, Ehebruch seiner Frau). Die Missetäter werden von ihm unnachgiebig bestraft. Ein professioneller Dieb schleicht sich als Koch getarnt in den Haushalt ein und bricht, während die Taylors in Australien bei einer Beerdigung weilen, in das Allerheiligste, Colonel Taylors Arbeitszimmer, ein. Enttäuscht stellt er fest, dass die von ihm vermuteten Schätze hier gar nicht vorhanden sind, und zieht ab. Thomas (Ram) entdeckt bei der Durchsicht des Zimmers, dass der Colonel überall im Haus Überwachungskameras und Mikrofone installiert hat und dass er ein Spion ist. Durch einen Anruf, bei dem er mit australischem Akzent spricht, gibt Thomas der Polizei einen Tipp, der es ermöglicht, den Spion auf frischer Tat zu ertappen. Der Diplomat Taylor wird als *persona non grata* des Landes verwiesen.

Diese Episode ermöglicht Ram die Antwort auf Frage 5 nach der Bedeutung von *persona non grata.*

100,000 – Hold On To Your Buttons

Seit zwei Monaten arbeitet Ram als „Thomas“ in Jimmy's Bar and Restaurant in Mumbai. Er hat sich bei der Quizshow *W3B* beworben, denn er will – wie man später erfährt (vgl. S. 348) – den Quizmaster für die Demütigungen, die dieser Neelima Kumari und Rams geliebter Nita angetan hat, zur Rechenschaft ziehen (“I hear my beloved Nita's cries and Neelima Kumari's sobs.”, S. 159).

Ram ist im größten Slum Asiens, Dharavi, untergekommen. Er hat einen Job als Barmann gefunden, weil er Englisch spricht und sich mit Drinks auskennt, was er im Haus von Colonel Taylor gelernt hat.

Eines Tages erscheint in der Bar der Industrielle Prakash Roa, Chef der größten Knopffabrik Indiens, und erzählt Thomas seine Lebensgeschichte. Halb betrunken beichtet er, mithilfe der Voodoo-Praktiken seiner Frau Julie, einer Haitianerin, seinen Bruder Arvind Rao umgebracht zu haben. Julie hatte ihm eine magische Voodoo-Puppe gefertigt, die seinen Bruder darstellte. Damit konnte er Arvind aus der Ferne Schmerz zufügen. Immer wenn Prakash eine spitze Nadel in die Puppe bohrte, schrie Arvind vor Schmerzen auf. Arvinds Geschäftspartner konnten sich das Verhalten ihres Gegenübers nicht erklären, zweifelten daher an dessen Verstand und ließen ihn schließlich in eine Anstalt einweisen, wo er zu Tode behandelt wurde. Prakash bereut nun seine hinterhältige Tat und berichtet Thomas, er habe sich jetzt entschlossen, sich von Julie scheiden zu lassen und mit seiner neuen Liebe Jyotsna ein anderes Leben zu beginnen. Er zeigt Thomas seinen Revolver und deutet an, was er vorhat, sollte Julie nicht in die Scheidung einwilligen. Doch kaum hat er seine Beichte beendet, verzieht er sein Gesicht vor Schmerz und stirbt.

Die Anwältin Smita zweifelt am Wahrheitsgehalt der Voodoo-Geschichte, sieht jedoch in der Aufzeichnung der Sendung, dass Ram Frage 6 nach der Hauptstadt Papua-Neuguineas richtig beantworten kann, weil er die falschen Antworten aufgrund der Geografie-Kenntnisse, die er in der Bar-Episode und bei Colonel Taylor erlangt hat, ausschließen kann.

200,000 – Murder on the Western Express

Nach der Ausweisung des Diplomaten Colonel Taylor, der als Spion enttarnt wurde, macht sich Ram mit seinem ausgezahlten Arbeitslohn von 50 000 Rupien nach Mumbai auf, um dort Salim wieder zu treffen.

Doch Banditen überfallen den Zug und fordern Ram und seine Mitreisenden auf, alle Wertsachen abzuliefern. Ram versucht vergeblich, seine 50 000 Rupien, die er in seiner Unterwäsche verborgen hält, vor dem Räuber zu retten. Doch Akshay, ein Junge, dem Ram kurz zuvor sein Geld gezeigt hatte, verrät das Versteck. Resigniert gibt Ram sein Erspartes ab („a street boy who, for a brief moment, had some money, and who will never have middle-class dreams again“, S. 189).

Blinde Wut steigt in ihm auf, als der Gangster die junge Mitreisende Meenakshi belästigt. Plötzlich liegt der Bandit blutend am Boden und Ram hält dessen Colt in der Hand. Ram glaubt, er habe den Verbrecher erschossen, und flüchtet. Er gibt seinen ursprünglichen Plan, nach Mumbai zu reisen, auf und wechselt mehrfach die Züge, um seine Spur zu verwischen, bis er letztlich in Agra landet.

Als Ram mit seiner Geschichte am Ende ist, klärt Smita ihn auf, dass seine Schuldgefühle eigentlich nicht berechtigt seien, da er in Notwehr gehandelt habe. Außerdem wolle sie herausfinden, ob die Tat überhaupt registriert wurde. Frage 7 nach dem Erfinder des Revolvers kann Ram problemlos beantworten.

500,000 – A Soldier's Tale

Ram (12 Jahre alt) und Salim (10) wohnen in einem *chawl* in Mumbai. Salim ist *dabbawallah* und Ram arbeitet als Diener bei der Schauspielerin Neelima Kumari. Er hat eine Woche frei bekommen, da wegen des vierten Indisch-Pakistanischen Kriegs (Kaschmirkonflikt von 1999) Ausgangssperre herrscht. Pünktlich um halb neun versammeln sich jeden Abend die Bewohner in einem Luftschutzbunker und verfolgen im Fernsehen die propagandistische Berichterstattung über den Fortgang des Krieges ("This war is sponsered by Mother India Toothpaste and Jolly Tea.", S. 195). Die Lage ist nicht wirklich bedrohlich, sodass die Zuschauer für die militärischen Nachrichten wenig Interesse zeigen und stattdessen lieber in Stammtisch-Manier politisieren oder über das Aussehen der Fernsehansagerin diskutieren.

Erbost über die lächerliche Darstellung der kriegerischen Auseinandersetzung meldet sich ein alter Sikh, Balwant Singh, zu Wort ("They are showing you a soap opera.", S. 199) und will der Versammlung von den wahren Gräueln des Krieges berichten. An zwei Abenden hält er seine Zuhörer in atemloser Spannung mit dem Bericht von seinen Heldentaten während des dritten Indisch-Pakistanischen Krieges (Kaschmirkonflikt von 1971). Mit Todesverachtung sei er als Einzelkämpfer einem übermächtigen Feind, den Pakistanern, gegenübergetreten und habe sein Vaterland gerettet. Seine Mitteilung, dass andere ausgezeichnet wurden, er aber nicht, stößt bei den Zuhörern auf Unverständnis. Sie beschließen, sich dafür einzusetzen, dass der Veteran fair behandelt wird und ebenfalls eine Auszeichnung erhält. Als sie am nächsten Tag von einem Colonel besucht werden, tragen sie ihre Klage vor, und der Militär sucht Balwant Singh auf. Kurz darauf teilt der Offizier wutschnaubend den ungeduldig Wartenden mit, dass Balwant Singh keineswegs ein Kriegsheld, sondern ein Deserteur sei, der seine ganze Geschichte erfunden habe. Balwant Singh erhängt sich, um der Schande zu entgehen. So bestätigt sich die Einsicht: "That war was a very serious business. It took lives." (S. 221)

Rams Frage an Smita, wo sie während des Kriegs gewesen sei, weicht die Anwältin aus. Es bereitet ihm keine Schwierigkeiten, Frage 8 nach dem höchsten indischen Tapferkeitsorden *(Param Vir Chakra)* zu beantworten.

1,000,000 – Licence to Kill

Drei Monate nach seiner Ankunft aus Agra trifft Ram in Mumbai zufällig seinen Freund Salim Ilyasi wieder – nach fünf Jahren Trennung. Salim, inzwischen 16, besucht eine teure Schauspielschule, um sein Traumziel, Filmschauspieler zu werden, so wie es ihm ein Handliniendeuter einst vorausgesagt hatte, zu verwirklichen.

Salim erzählt Ram seine Geschichte: Nach Rams Verschwinden arbeitet er noch vier Jahre als *dabbawallah* und bewirbt sich dann in der Filmbranche. Zu seinem Entsetzen trifft er per Zufall auf ihren alten Peiniger Maman, der ihn verfolgt und wieder einfangen will. Doch beide geraten in die Hände eines Hindu-Mobs auf dem Rachefeldzug und in Salim steigen wieder die schlimmen Erinnerungen an die Ermordung seiner Familie auf ("My mother's shrieks and my brother's cries echoed in my ears.", S. 228). Rettung vor den Hindus und Maman kommt vonseiten eines Mannes namens Ahmed Khan, der sich vor Salim stellt. Für ihn arbeitet er fortan als Diener. Salim beobachtet, dass Khan sich nur für zwei Dinge interessiert: Kricket und die TV-Sendung *Crime Watch*, eine Art „Aktenzeichen XY". Er findet heraus, dass Khan ein Auftragskiller ist, der in gelben Umschlägen Mordaufträge erhält. Deren erfolgreiche Ausführung verfolgt er anschließend in der TV-Polizeisendung.

Zu Salims Schrecken betrifft eines Tages ein Mordauftrag den Filmproduzenten Abbas Rizvi, von dem sich Salim die Förderung seiner Filmkarriere erhofft. Salim tauscht den Mordauftrag aus, sodass Khan statt Rizvi den Gangster Maman (vgl. Kapitel *A Thought for the Crippled*) tötet. Jedoch wird Khan danach selbst von der Polizei erschossen. Der Produzent Rizvi, den Salim gewarnt hatte, finanziert aus Dankbarkeit die Ausbildung, die Salim gerade durchläuft.

Ram verschweigt Salim, dass er sich inzwischen als Kandidat bei *W3B* beworben hat. Frage 9 nach dem indischen Kricketstar Sachin Malvankar bereitet Ram dank Salims Erzählung keine Probleme.

10,000,000 – Tragedy Queen

Nachdem Ram und Salim sich aus den Fängen Mamans retten konnten, finden sie Zuflucht bei der ehemaligen Bollywoodschauspielerin Neelima Kumari, der „Tragedy Queen“ (S. 244). Sie kann nur Ram als Diener beschäftigen, da Salim Moslem ist (“My aged mother who lives with me cannot eat anything touched by a Muslim.”, S. 245). Sie bezahlt ein Zimmer, in dem beide Jungen unterkommen können, da Neelimas Mutter nicht mit einem Mann in der gleichen Wohnung leben möchte. Erst als diese tot ist, zieht Ram zu Neelima.

Im Haus des Filmstars gehen merkwürdige Dinge vor. Ein nächtlicher Dieb entpuppt sich als Fan von Neelima, und Ram findet heraus, dass sie einen heimlichen Liebhaber hat, der sie jedoch offensichtlich misshandelt. Neelima kann sich jedoch nicht von ihm trennen. Zudem lebt sie in der Traumwelt ihrer Vergangenheit und kommt nicht damit zurecht, dass ihre Karriere zu Ende ist. Sie ist nicht bereit zu akzeptieren, dass sie nicht mehr die Rolle der jungen Heldin spielen kann, Rollen älterer Frauen lehnt sie dagegen ab.

Neelima inszeniert schließlich ihren Selbstmord als ihre letzte große Tragödie („the height of drama“, S. 267). Zwar findet Ram die tote Neelima bei seiner Rückkehr vom Markt, aus Angst man könne ihn des Mordes verdächtigen, verständigt er aber nicht die Polizei, sondern verschwindet. Ram kehrt in den *chawl* zu Salim zurück und sucht sich eine neue Arbeit in einer Gießerei. Die Tatsache, dass Neelimas Leiche erst nach einem Monat entdeckt wird, weil den Nachbarn der Leichengeruch auffällt, ist in Rams Augen „a real tragedy“ (S. 268).

In der Quizshow lockt der Moderator Prem Kumar Ram mit falschen Versprechungen in die „Alles-oder-Nichts"-Runde. Er verspricht Ram, ihm die Antworten der restlichen Fragen zu verraten, weil man ihm angeblich zum Sieg verhelfen will, damit er zum Vorbild für Indiens Jugend wird. Er verrät ihm die nächste Frage (zur Meerenge Palk Strait zwischen Indien und Sri Lanka) samt Antwort, stellt dann aber doch eine andere Frage. Ram entgeht der Falle und kann Frage 9, zu Neelima Kumaris Karriere, richtig beantworten.

100,000,000 – X GKRZ OPKNU (or A Love Story)

Rams Flucht nach dem Zwischenfall im Zug von Delhi nach Mumbai endet in Agra, wo er unter dem Namen Raju Sharma zwei Jahre lang seinen Lebensunterhalt als inoffizieller Fremdenführer am Taj Mahal verdient.

Unterschlupf findet er mithilfe des gleichaltrigen Shankar in einem Nebengebäude des Palastes der adligen Queen Swapna Devi, die von allen „Madam" oder „Rani Sahiba" genannt wird. Seit er von seiner Mutter verstoßen wurde, leidet Shankar an einer Sprachbehinderung, die ihn nur Unzusammenhängendes äußern lässt. Zu ihm entwickelt Ram (alias Raju) eine tiefe Freundschaft. Die Ereignisse in der Siedlung überschlagen sich. Das Dienstmädchen Lajwanti wird des Diebstahls überführt, den sie begeht, um die Mitgift ihrer Schwester zu finanzieren. Shankar erkrankt an Tollwut. Ram findet heraus, dass Rani Sahiba Shankars leibliche Mutter ist, und konfrontiert sie mit seiner Erkenntnis. Trotzdem weigert sich Madam, für Shankars Heilung aufzukommen, sodass der Junge schließlich stirbt. Shankars Tod stürzt Ram in tiefe Verzweiflung.

Inzwischen hat Ram die 17-jährige Prostituierte Nita kennengelernt. Er verliebt sich in sie und will sie von ihrem Zuhälter (ihrem Bruder) freikaufen. Das nötige Geld für Nitas Befreiung stiehlt Ram von Rani Sahiba. Nita wird von einem Freier zusammengeschlagen und schwer misshandelt. Nitas Verletzungen erinnern Ram an die Spuren der Misshandlung, die Neelima Kumari von ihrem Liebhaber zugefügt wurden. Als Ram zu Nita ins Krankenhaus eilt, trifft er einen Mann, der Geld für die Heilung seines Sohnes erbittet. Wie Shankar leidet dieser an Tollwut. Nachdem Ram erkennt, dass sein Geld nicht ausreichen wird, um Nita freizukaufen, weil ihr Bruder immer höhere Forderungen stellen wird, gibt er das Geld dem Mann und dieser ist ihm unendlich dankbar. Er gibt Ram seine Visitenkarte und bittet ihn, sich an ihn zu wenden, sollte er irgendwann einmal Hilfe benötigen. Kurz darauf sieht Ram eine Anzeige für die Quizshow *W3B* mit dem Moderator Prem Kumar und beschließt, sich zu bewerben.

Als Ram in der Quizshow eine Frage zu englischer Literatur beantworten soll, ist er zunächst ratlos. Zufällig findet er die Karte von Utpal Chatterjee, dem Mann aus dem Krankenhaus, wieder, der von Beruf Englischlehrer ist. Ihn verwendet Ram als Telefonjoker *(phone-a-friend lifeline)* und kann mit seiner Hilfe Frage 11 nach einer Person eines Shakespeare-Stücks richtig beantworten.

1,000,000,000 – The Thirteenth Question

Kurz vor einer Werbeunterbrechung stellt Quizmaster Prem Kumar Ram die zwölfte und letzte Frage, die sich auf das Taj Mahal bezieht. In der Werbepause versichert Ram, er wisse die Antwort, da er als Fremdenführer in Agra gearbeitet habe. Daraufhin ändern die TV-Produzenten die letzte Aufgabe, weil sie Rams Gewinn verhindern wollen.

Als er mit der neuen Frage konfrontiert wird, nimmt Ram eine Auszeit, und Prem Kumar begleitet ihn zur Toilette. Dort entlarvt Ram den Quizmaster als Peiniger Neelima Kumaris und Nitas und bedroht ihn mit einer Pistole. Um sein Leben zu retten, gibt Prem Kumar Ram einen Tipp, der ihm die richtige Antwort auf die letzte, jetzt dreizehnte, Frage ermöglicht.

Nach Ende der DVD offenbart Smita ihre wahre Identität: sie ist Gudiya Shantaram, das Mädchen, das Ram vor ihrem gewalttätigen Vater geschützt hatte.

Epilog

Smita erkämpft Rams Recht auf das Preisgeld und die Guten werden am Ende belohnt: Ram heiratet Nita, Salim wird Filmschauspieler, die Dienerin Lajwanti, die Geld für die Mitgift ihrer Schwester gestohlen hatte, wird aus dem Gefängnis entlassen. Ram merkt, dass Geld nicht zuletzt auch Macht verleiht: Er kann die Polizei dazu bringen, die verstümmelten Kinder aus der Bettlerorganisation zu befreien. Der Bösewicht Prem Kumar stirbt unter mysteriösen Umständen. Rams Glücksmünze, die in Wahrheit auf beiden Seiten „Kopf" zeigt, hat ausgedient, er braucht sie nun nicht mehr.

1.3 Tabellarische Handlungsübersicht

Kapitel	Ort	Erzähler	Alter Ram	Inhalt	Quizfrage
Prologue (S. 11–30)	Slumviertel Dharavi, Polizeirevier, Rechtsanwaltsbüro (Mumbai)	Ich (Ram Mohammad Thomas)	18	Verhaftung, Verhör, Folter, Befreiung durch Anwältin Smita Shah	–
1,000 – The Death of a Hero (S. 31–47)	Kino, *chawl* (Mumbai)	Ich (Ram)	12	Kinobesuch mit Freund Salim; dessen Idol Armaan Ali wird entzaubert (Salim wird von ihm sexuell belästigt)	Frage 1 – 1 000 Rupien: Was war der erste gemeinsame Film von Armaan Ali und Priya Kapoor?
2,000 – The Burden of a Priest (S. 48–67)	Church of St. Mary (Delhi)	Ich (Ram)	0–8	als Waise bei Father Timothy	Frage 2 – 2 000 Rupien: Wie lautet die Buchstabenfolge am Kreuz Christi?
5,000 – A Brother's Promise (S. 68–89)	*chawl* (Mumbai)	Ich (Ram)	13	Ram schützt Nachbarstochter Gudiya; stürzt ihren Vater die Treppe hinunter; glaubt, er habe ihn umgebracht; Flucht nach Delhi	Frage 3 – 5 000 Rupien: Welches ist der kleinste Planet im Sonnensystem?
10,000 – A Thought for the Crippled (S. 90–122)	Waisenhaus (Delhi); Bettlercamp (Mumbai)	Ich (Ram/Mohammad/ Thomas)	8–10	Beginn der Freundschaft mit Salim; Verkauf an Bettlerchef Maman; Flucht mit Salim	Frage 4 – 10 000 Rupien: Welchen Gott verehrte der blinde Dichter Surdas?

Kapitel	Ort	Erzähler	Alter Ram	Inhalt	Quizfrage
50,000 – How to Speak Australian (S. 123–152)	Delhi	Ich (Thomas)	14	Diener bei australischer Diplomatenfamilie Taylor; Enttarnung Colonel Taylors als Spion	Frage 5 – 50 000 Rupien: Was bedeutet persona non grata?
100,000 – Hold On To your Buttons (S. 153–172)	Jimmy's Bar and Restaurant (Mumbai)	Ich (Thomas) Prakash Rao	18	Barkeeper, Voodoo-Geschichte	Frage 6 – 100 000 Rupien: Wie heißt die Hauptstadt von Papua-Neuguinea?
200,000 – Murder on the Western Express (S. 173–193)	Zugfahrt von Delhi nach Mumbai; Agra	Ich (Ram)	16	Raubüberfall im Zug; Flucht nach Agra nach Schuss auf Räuber	Frage 7 – 200 000 Rupien: Wer erfand den Revolver?
500,000 – A Soldier's Tale (S. 194–222)	Luftschutzbunker (Mumbai)	Ich (Ram) Balwant Singh	12	Balwant Singhs Erlebnisse („Heldentaten") im Indisch-Pakistanischen Krieg von 1971	Frage 8 – 500 000 Rupien: Welches ist der höchste Tapferkeitsorden, der in den indischen Streitkräften verliehen wird?
1,000,000 – Licence to Kill (S. 223–243)	Mumbai	Ich (Ram) Salim (16)	18	Salim als Diener beim Auftragskiller Ahmed Khan	Frage 9 – 1 000 000 Rupien: Wie viele *Test centuries*[4] erzielte der Kricketspieler Sachin Malvankar?

Kapitel	Ort	Erzähler	Alter Ram	Inhalt	Quizfrage
10,000,000 – Tragedy Queen (S. 244–272)	Mumbai	Ich (Ram)	10–12	Diener bei Filmstar Neelima Kumari; Falle durch Quizmaster	Frage 10 – 10 000 000 Rupien: In welchem Jahr gewann Neelima Kumari den *National Award*?
100,000,000 – X Gkrz Opknu (or A Love Story) (S. 273–342)	Taj Mahal (Agra)	Ich (Raju Sharma)	16–18	Fremdenführer im Taj Mahal; Shankars Tod (Tollwut); Lajwantis Verhaftung; Liebe zu Nita; Diebstahl und Weitergabe der Beute; Bewerbung bei *W3B*; Telefonjoker	Frage 11 – 100 000 000 Rupien: In welchem Shakespeare-Stück tritt Costard auf?
1,000,000,000 – The Thirteenth Question (S. 343–357)	TV-Studio (Mumbai)	Ich (Ram)	18	eigentliche letzte Frage (Taj Mahal) zurückgezogen; Quizmaster als Verbrecher entlarvt; letzte Frage mit dessen Hilfe richtig beantwortet	Frage 12 bzw. 13 – 1 000 000 000 Rupien: In welcher Tonart ist die Hammerklaviersonate von Beethoven geschrieben?
Epilogue (S. 358 – 361)	Mumbai, 6 Monate später	Ich (Ram)		Happy End: Auflösung der noch offenen Handlungsfäden	–

2 Film

Simon Beaufoy, der Drehbuchautor von *Slumdog Millionaire*, hat massiv in die Romanvorlage *Q&A* eingegriffen und Änderungen in Bezug auf Struktur, Personen und *plot* (Handlungsablauf) vorgenommen. Für seine Leistung wurde Beaufoy mit dem Oscar für das beste Drehbuch ausgezeichnet. Der Autor des Romans, Vikas Swarup, war mit der Leinwandfassung einverstanden.[5]

Die Änderungen in Bezug auf Personenkonstellation und Struktur werden in den entsprechenden Kapiteln (vgl. S. 35 ff. und 46 ff.) behandelt, hier folgen die wichtigsten Umarbeitungen, welche die **Handlung** betreffen.

Zusammenfassung des Inhalts von *Slumdog Millionaire*[6]

Kapitel 1: Der Film beginnt mit dem Verhör und der Folterung des 18-jährigen Jamal K. Malik (dargestellt vom britischen Schauspieler Dev Patel). Jamal konnte bisher alle Fragen in der Quizsendung *Who Wants To Be A Millionaire?* beantworten. Seine Verhaftung wurde vom heuchlerischen Quizmaster Prem Kumar, der Jamal Sieg und Starruhm missgönnt, veranlasst.

Am Abend vor der Sendung, in der die letzte, die Millionenfrage, gestellt wird, soll die Polizei nachweisen, dass Jamal, *chai wallah* (d. h. jemand, der den Angestellten einer Firma Tee serviert) in einem Callcenter, ein Betrüger ist. Trotz Folter und brutaler Verhörmethoden hält Jamal durch.

In Rückblenden erfahren Zuschauer und Polizisten Episoden aus Jamals Leben, die erklären, warum er die Quizfragen beantworten konnte, z. B. Fragen nach einem Filmstar, einem Dichter oder dem Bild auf dem 100-Dollar-Schein. Die erste Rückschau zeigt die Lebensbedingungen im Slum Juhu, in dem Jamal und sein älterer Bruder Salim als Kinder leben. Sie spielen z. B. auf der Landebahn des nahegelegenen Flugplatzes Kricket und liefern sich eine Verfolgungsjagd mit der Polizei.

Kapitel 2: Auf die Frage nach einem Bollywood-Star sieht man den kleinen Jamal, der von seinem Bruder Salim in der Latrine eingesperrt wird, als der berühmte Filmstar Amitabh Bachchan in der Nähe ihres Slums landet. Nur durch einen Sprung in die Latrine kann er seinen Traum, den Star persönlich zu treffen verwirklichen, und erhält sogar ein Autogramm. Dieses Autogramm verkauft sein Bruder allerdings wenig später, obwohl er weiß, wie viel es Jamal bedeutet.

Kapitel 3: Auch wenn der Inspektor der Meinung ist, selbst seine fünfjährige Tochter könnte die Frage beantworten, benötigt Jamal für die Frage nach dem Staatswappen Indiens (und dem darin enthaltenen Motto "The truth alone triumphs") die Hilfe des Publikums.

Die nächste Frage, bei der es um den hinduistischen Gott Rama geht, ruft Jamal den gewaltsamen Tod seiner Mutter in Erinnerung. Die muslimische Frau wurde bei Rassenunruhen von fanatischen Hindus umgebracht. Die beiden Jungen sind nun auf sich selbst gestellt und nehmen sich außerdem, auf Jamals Bestreben hin, des ebenfalls elternlosen Mädchens Latika an.

Kapitel 4: Die Frage nach einem blinden indischen Dichter führt wieder zurück in Jamals Kindheit. Zusammen mit Latika geraten die Brüder in die Hände von Maman, dem Kopf einer Kinderbande. In Mamans Camp werden Kinder verstümmelt und zum Betteln gezwungen. Schnell steigt der gerissene Salim zum Helfer Mamans auf und treibt die anderen Kinder zur Arbeit an.

Eines Abends wird er Zeuge der Blendung eines Jungen (Arvind) und soll danach Jamal holen, dem das Gleiche widerfahren soll. Durch Flucht können die Brüder diesem Schicksal entgehen, verlieren aber Latika, mit der Jamal sich eine gemeinsame Zukunft ausmalte. Latika schafft es nicht, auf den fahrenden Zug aufzuspringen, mit dem die beiden Jungen fliehen, weil Salim ihre Hand loslässt.

Kapitel 5: Jamal und Salim landen in Agra, wo sie als inoffizielle Fremdenführer am Taj Mahal (das Jamal zuerst für den Himmel und dann für ein 5-Sterne-Hotel hält) arbeiten und ausländische Touristen ausnehmen. Von reichen Amerikanern, die Mitleid mit dem armen Straßenjungen haben, bekommt Jamal einmal 100 Dollar, obwohl Salim und seine Mitstreiter gerade deren Auto ausgeraubt haben.

Kapitel 6: Als der Showmaster nach dem Bild auf der amerikanischen 100-Dollar-Note fragt, kann Jamal dies ohne Probleme beantworten, auch wenn er – als der Inspektor ihn fragt – nicht weiß, wer auf dem indischen 1 000-Rupien-Schein zu sehen ist.

Auf Jamals Drängen kehren er und Salim schließlich nach Mumbai zurück, um Latika zu suchen, nach der Jamal sich noch immer sehnt. Sie finden Arbeit in einer Küche. Jamal trifft zufällig Arvind wieder, einen von Mamans blinden Jungen, dem er seinen 100-Dollar-Schein schenkt. Anhand der Beschreibung der Person auf der Banknote weiß der blinde Arvind, dass es sich um Benjamin Franklin handelt. Er verrät Jamal, dass Latika – jetzt „Cherry" genannt – im Rotlichtviertel arbeitet. Dort finden Jamal und Salim Latika schließlich in einem Bordell, wo sie als Tänzerin für Maman auftreten muss, der sich noch viel von ihr verspricht ("Have you any idea how much this little virgin is worth?", Min. 53:52).[7] Salim erschießt Maman und die Jungen können gemeinsam mit Latika fliehen – nicht ohne zuvor Mamans Bargeld zu stehlen.

Kapitel 7: Salim trifft kurz darauf den Gangsterboss Javed, den Gegenspieler von Maman, der ihm eine Zusammenarbeit anbietet. Nur kurz können Jamal und Latika ihr Wiedersehen genießen, dann kommt es zum Streit zwischen den Brüdern und Salim vertreibt Jamal aus der Wohnung. Als Jamal zurückkehrt, sind Salim und Latika verschwunden.

Als der Inspektor Jamal während des Verhörs fragt, wie er dazu kam, an der Quizshow teilzunehmen, erzählt er von seiner Arbeit als *chai wallah* in einem Callcenter in Mumbai. Da die Kunden meist aus Großbritannien stammen, müssen sich die Angestellten ganz genau mit den kulturellen Gegebenheiten vor Ort auskennen. So sammelt auch Jamal Wissen über Schottland und England, das er für die nächste Frage, nach einem Platz in London, verwenden kann. Jamals Kollegen sehen sich mit Begeisterung *Who Wants To be A Millionaire?* an und lassen sich dafür kurzzeitig von Jamal am Telefon vertreten. Eine solche Gelegenheit nutzt Jamal eines Tages, um wieder mit Salim Kontakt aufzunehmen.

Kapitel 8: Als Jamal und Salim sich wiedersehen, erfährt Jamal, dass Salim inzwischen in Diensten des Gangsterbosses Javed Khan steht, den sie schon aus ihrer Kindheit im Slum kennen.

Salim streitet zwar ab, etwas über Latikas Verbleib zu wissen, doch Jamal erfährt bald, dass Javed auch Latika in seiner Gewalt hält. Jamal gibt sich als Koch bzw. Tellerwäscher aus, um in Javeds Haus und zu Latika zu gelangen. Hier merkt er, dass auch Latika die populäre Quizshow sehr gerne ansieht. Bevor er wieder aus Javeds Haus verschwinden muss, verspricht er Latika, ab jetzt jeden Tag um 17 Uhr am Bahnhof (Victoria Terminus, Mumbai) auf sie zu warten. In der nächsten Quizfrage geht es um Kricket, ein Sport, den auch Javed begeistert verfolgt hat.

Kapitel 9: Als Latika tatsächlich an diesem Bahnhof auftaucht, sieht Jamal sie nur ganz kurz, bevor sie von Salim gewaltsam wieder zu Javed gebracht wird.

Im Fernsehstudio sprechen Prem Kumar und Jamal in einer Werbepause auf der Toilette miteinander. Der Showmaster, der erfahren hat, dass Jamal die Frage nach einem Kricketspieler nicht beantworten kann, schreibt eine Antwortoption an den Spiegel. Jamal setzt dennoch den Fifty-fifty-Joker ein und entscheidet sich gegen den Tipp von Prem Kumar – und gewinnt.

Kapitel 10: Nach dieser Frage endet die Sendezeit für diese Folge der Show und Prem Kumar veranlasst Jamals Verhaftung.

Da der Inspektor beim Verhör den Eindruck gewonnen hat, dass Jamal die Wahrheit sagt, lässt er ihn frei, und so hat Jamal die Chance, auch in der nächsten Sendung der Quizshow teilzunehmen und die letzte Frage zu beantworten.

Inzwischen fiebert das ganze Land mit Jamal mit, die Armen in den Slums, die Menschen am Taj Mahal, Jamals Kollegen im Callcenter und auch Latika sieht ihn im Fernsehen. Salim, der seine Taten bereut, ermöglicht ihr die Flucht. Er gibt ihr seine Autoschlüssel und sein Handy und bittet sie um Verzeihung.

Als Jamal die Antwort auf die 20-Millionen-Rupien-Frage nach dem Namen des dritten Musketiers nicht gleich beantworten kann, setzt er seinen Telefonjoker ein und ruft die Nummer seines Bruders an – die einzige, die er kennt. Gerade noch rechtzeitig geht Latika an Salims Handy, kann die Frage aber ebenfalls nicht beantworten. Jamal tippt dennoch auf die richtige Antwort und gewinnt 20 Millionen Rupien.

Nach seinem Verrat erschießt Salim den Gangsterboss Javed und wird kurz darauf selbst von dessen Männern erschossen. Er stirbt in einer Badewanne voller 1 000-Rupien-Scheine, während sein Bruder die Quizshow gewinnt.

Kapitel 11: Nach der Show treffen sich Jamal und Latika am Victoria Terminus und können sich endlich in die Arme schließen.

3 Vergleich Roman – Film

3.1 Schaubild zu ähnlichen Szenen

Das Schaubild auf der nächsten Seite zeigt alle Kapitel aus *Q&A*. Komplette Szenen, die in den Film übernommen wurden, sind mit durchgezogener Linie umrandet. Einzelne Elemente des Romans, die im Film an anderer Stelle und in anderem Zusammenhang vorkommen, kennzeichnet eine durchbrochene Linie.

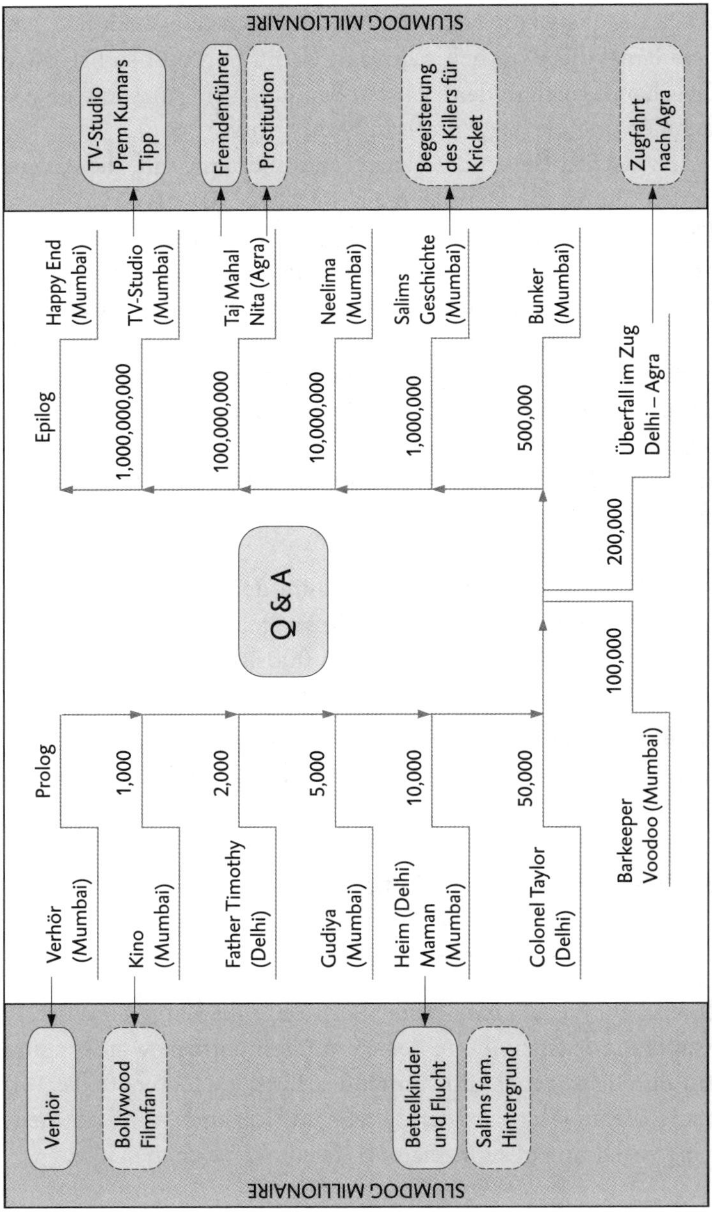
SLUMDOG MILLIONAIRE
Verhör
Bollywood Filmfan
Bettelkinder und Flucht
Salims fam. Hintergrund
Verhör (Mumbai)
Kino (Mumbai)
Father Timothy (Delhi)
Gudiya (Mumbai)
Heim (Delhi) Maman (Mumbai)
Colonel Taylor (Delhi)
Barkeeper Voodoo (Mumbai)
Prolog
1,000
2,000
5,000
10,000
50,000
100,000
Q & A
200,000
500,000
1,000,000
10,000,000
100,000,000
1,000,000,000
Epilog
Überfall im Zug Delhi – Agra
Bunker (Mumbai)
Salims Geschichte (Mumbai)
Neelima (Mumbai)
Taj Mahal Nita (Agra)
TV-Studio (Mumbai)
Happy End (Mumbai)
TV-Studio Prem Kumars Tipp
Fremdenführer
Prostitution
Begeisterung des Killers für Kricket
Zugfahrt nach Agra
SLUMDOG MILLIONAIRE

3.2 Übernahmen, Streichungen und Änderungen

Bei der Umarbeitung des Romans zum Filmskript wurden zahlreiche Änderungen vorgenommen:

Übernahmen

- Von den 12 **Episoden** der Romanvorlage übernimmt der Film die Quizshow, das Verhör (ohne Anwältin Smita/Gudiya), die Bettelkindergeschichte sowie das Geschehen in Agra in zum Teil abgewandelter Form.
- Einzelne **Elemente** aus anderen Episoden des Romans wurden verändert und im Film an anderer Stelle eingefügt (vgl. Schaubild). Die **Verfolgung durch religiöse Fanatiker** gehört im Roman zur tragischen Familiengeschichte Salims und ist der Grund, warum er ins Waisenhaus kommt, wo Ram ihn erst kennenlernt. Im Film wird die Mutter von Salim und Jamal von religiösen Fanatikern umgebracht. Salims Begeisterung für **Bollywood** im Roman wird im Film dem jungen Jamal zugeordnet. Außerdem lassen sich am Film-Gangster Javed Züge und Vorlieben **(Wetten, Kricket)** des Killers Ahmed Khan erkennen, die Swarup in *Q & A* beschreibt.

Streichungen

- Neun **Episoden** und deren handelnde **Personen** (u. a. Father Timothy, Gudiya, Spion Colonel Taylor, Prakash Rao und die Voodoo-Geschichte, „Kriegsveteran" Balwant Singh, Bollywoodstar Neelima Kumari, Shamkar und Lajwanti) wurden nicht verwendet.
- Die Handlung von *Slumdog Millionaire* spielt an zwei **Schauplätzen:** Mumbai und Agra. Der dritte Handlungsort des Romans, Delhi, wurde gestrichen.

Inhaltliche Änderungen

- Jamal und Salim sind **Brüder**. Anders als im Roman ist Salim der ältere. Ihre **Mutter** kommt im Film ebenfalls vor und erleidet das Schicksal, das im Roman Salims Familie widerfährt.

- Durchgehende **Liebesgeschichte** zwischen Jamal und Latika: Beide kennen sich seit ihrer Kindheit. Im Roman lernt Ram Nita erst mit 17 Jahren in Agra kennen.
- Im Roman bezichtigen die betrügerischen **TV-Produzenten** Ram des Betrugs, weil sie nicht über die finanziellen Mittel verfügen, den Gewinn auszuschütten. Als die Firma am Ende nach Smitas Einsatz dazu gezwungen wird, geht sie prompt pleite. Anders im Film: Die TV-Produzenten sind redliche Leute, die mit ihrem Kandidaten mitfiebern und ihm den Sieg wünschen (z. B. Min. 46:10, 1:39:44). Allein der Quizmaster will Jamals Sieg verhindern und schaltet die Polizei ein.
- Jamals **Telefonanruf:** Jamal ruft im Film Salim auf dessen Handy an – das aber inzwischen Latika mit sich führt –, um die letzte Frage zu beantworten. Im Roman verwendet Ram den Englischlehrer Mr Chatterjee als Telefonjoker, von dem er sich die Antwort auf die Shakespeare-Aufgabe erhofft.
- Im Film findet Jamals **Verhaftung** vor der letzten Frage statt, im Roman geschieht dies am Ende der Show. Während im Roman die **Außenwelt** nichts von der Quizshow und Rams Verhaftung weiß, wird im Film die Show live gesendet und die Öffentlichkeit fiebert mit Jamal mit.
- Um die Geschichte noch realistischer zu gestalten, wurde zudem die **Sprache** im Film geändert, sodass ein erheblicher Teil der Dialoge – insbesondere am Anfang – auf Hindi geführt wird.

Namensänderungen

- Der **Titel** wurde geändert von *Q&A (= Questions and Answers)* zum eingängigeren *Slumdog Millionaire.* Während der Verhörszene bezeichnet der Kommissar Jamal wiederholt als „slumdog“ (z. B. “The slumdog barks.”, Min. 1:02:11).
- Die **Quizshow** heißt bei Swarup *Who Will Win A Billion? (W3B)*, der Film zeigt die weltweit ausgestrahlte Show *Who Wants To Be A Millionaire?* in authentischer Form (Sitzanord-

nung, Beleuchtung, Musik, Spannungsmomente). Die Produktionsfirma Celador, von der *Who Wants To Be A Millionaire?* stammt, wirkte auch an der Produktion von *Slumdog Millionaire* mit.

- Namensänderung des **Protagonisten:** Im Roman heißt er „Ram Mohammad Thomas“ und vereint in seinem Namen symbolisch die drei wichtigsten Religionsgemeinschaften Indiens; er wird so zu einer Art indischem Jedermann *(everyman)*. Der Film verzichtet auf diesen Aspekt. Aus Ram Mohammad Thomas wird Jamal K. Malik, ein Muslim, dessen Mutter von Hindu-Fanatikern getötet wird.
- Im Roman ist Salims bewunderter **Bollywood-Star** der fiktive Armaan Ali, dem Salim einmal sogar persönlich begegnet ist. Im Film ist es Jamal, der nach einem mutigen Sprung in die Latrine ein Autogramm des (realen) Bollywood-Stars Amitabh Bachchan ergattert. Amitabh Bachchan war außerdem der Showmaster der ersten Ausgaben der indischen Version von *Who Wants To be A Millionaire?*.
- Die Anzahl und die Art der **Fragen**, die in der Quizshow gestellt werden, sind in Film und Roman unterschiedlich (vgl. Übersicht nächste Seite):

3.3 Tabellarische Gegenüberstellung der Quizfragen

Q & A – **Who Will Win A Billion? (W3B)**	**Preis (Rupien)**		*Slumdog Millionaire* **– Who Wants To Be A Millionaire?**	**Preis (Rupien)**
Can you name the blockbusting film in which Armaan Ali starred with Priya Kapoor for the very first time? (D. *Betrayal*)	**1,000**	1.	Who was the star in the 1973 hit film Zanjeer? (A. Amitabh Bachchan)	**1,000**
What is the sequence of letters normally inscribed on a cross? (B. INRI)	**2,000**	2.	A picture of three lions is seen in the national emblem of India. What is written underneath it? (A. Truth Alone Triumphs)	**4,000**
Which is the smallest planet in our solar system? (A. Pluto)	**5,000**	3.	In depictions of God Rama, he is famously holding what in his right hand? (D. bow and arrow)	**16,000**
Surdas, the blind poet, was a devotee of which god? (B. Krishna)	**10,000**	4.	vgl. Anmerkung[8]	**64,000**
When a government declares a foreign diplomat persona non grata, what does it mean? (D. Diplomat is not acceptable)	**50,000**	5.	The song Darshan Do Ghanshyam was written by which famous Indian poet? (A. Surdas)	**250,000**

What is the capital of Papua-New Guinea? (C. Port Moresby)	**100,000**	6.	On an American One Hundred Dollar Bill, there is a portrait of which American statesman? (C. Benjamin Franklin)	**1,000,000**
Who invented the revolver? (A. Samuel Colt)	**200,000**	7.	Who invented the revolver? (A. Samuel Colt)	**2,500,000**
Which is the highest reward for gallantry given to the Indian armed forces? (B. Param Vir Chakra)	**500,000**	8.	Cambridge Circus is in which UK City? (D. London)	**5,000,000**
How many Test centuries has India's greatest batsman Sachin Malvankar scored? (C. 36)	**1,000,000**	9.	Which cricketer has scored the most first class centuries in history? (D. Jack Hobbs)	**10,000,000**
Neelima Kumari, the Tragedy Queen, won the National Award in which year? (D. 1985)	**10,000,000**	10.	In Alexander (sic!) Dumas' book, The Three Musketeers, two of the musketeers are called Athos and Porthos. What was the name of the third mus-keteer? (A. Aramis)	**20,000,000**
In which one of Shakespeare's plays is there a character called Costard? (C. *Love's Labour's Lost*)	**100,000,000**	11.		
Beethoven's Piano Sonata No. 29, Opus 106, (…) is in which key? (A. B flat major)	**1,000,000,000**	12.		

Textanalyse und Interpretation

1 Personenkonstellation und Charakterisierungen im Roman

Ram Mohammad Thomas

Die zentrale Figur des Romans ist Ram Mohammad Thomas, der **Icherzähler**. Von den zwölf Episoden, die ihm die Antworten auf die Quizfragen ermöglichen, hat er neun selbst erlebt und bei den restlichen fungiert er als Zuhörer (Salims Geschichte, Prakash Raos Voodoo-Erzählung, Kriegsbericht des Veteranen). Zu Beginn der Handlung, beim Verhör durch die Polizei, ist er 18 Jahre alt und in einer Bar in Mumbai beschäftigt. Er wurde in Delhi geboren und kurz nach der Geburt von seiner Mutter vor einer Kirche ausgesetzt. Im Traum sieht er häufig die Szene vor sich, wie eine junge Mutter sich von ihrem Neugeborenen trennt (Sari, Wind, Nacht) (z. B. S. 43, 75, 114, 289). Wehmut, Sehnsucht und das **Gefühl der Verlassenheit** steigen dann in ihm auf und rühren ihn zu Tränen (S. 43, 287). Erst mit 13, als er bei der Schauspielerin Neelima Kumari in Diensten ist, fühlt er sich wieder wie bei einer Mutter geborgen und sieht sich zum ersten Mal nicht mehr als Waisenjungen ("for the first time I felt as though I was not an orphan any more", S. 265).

Da den **Waisenjungen** niemand adoptieren will, wächst Ram im Hause des aus York stammenden Priesters Father Timothy auf. In der Rückschau bezeichnet er diese Jahre als eine sehr glückliche Zeit:

For the next six years he became my father, mother, master, teacher and priest, all rolled into one. If there has been anything approximating happiness in my life, it was in the time I spent with him. (S. 53)

Erste Wolken ziehen auf, als er erkennen muss, dass Father Timothy nicht sein leiblicher Vater ist (vgl. S. 55). Nach dem Tod des Priesters beginnt für Ram ein anderes Leben, in dem er Höhen und Tiefen kennenlernt, die komfortablen Villen der Reichen und auch die elenden Behausungen der Ärmsten der Armen. Sehr früh prägen ihn die Verhältnisse, unter denen er leben muss. Im schmutzigen und überfüllten Waisenhaus in Delhi, in das er als Achtjähriger gebracht wird, ersticken die Aufseher jedes Selbstwertgefühl und weisen Ram und seinen Leidensgenossen ihren Platz **am Ende der Nahrungskette** zu, bis diese sich auch selbst da sehen: "The Juvenile Home diminished us in our own eyes." (S. 92)

Ähnliches erfährt er in Asiens größtem Slumviertel Dharavi: "Dharavi's grim landscape and urban squalor deadens and debases us." (S. 157) Das Leben am unteren Ende der sozialen Leiter lehrt ihn, sich anzupassen, nicht aufzubegehren und dankbar für jede Erleichterung zu sein: "When you live in a posh locality of Delhi in a nice house, get three hot meals a day and a salary of one thousand five hundred, [...] you learn to swallow your pride." (S. 126) Stolz kann er sich nicht leisten, und so schrecken ihn auch entwürdigende Umstände nicht, wenn es gilt, das Überleben zu sichern. Ram ekelt sich daher nicht, Speisereste aus den Abfalleimern bei McDonald's in Agra zu fischen (vgl. S. 274), um nicht zu verhungern. Er ist **anpassungsfähig und genügsam** und kommt mit allerlei Widrigkeiten zurecht (Ratten, Kakerlaken im *chawl*, vgl. S. 82; Schmutz und Ratten im Kinderheim, vgl. S. 91; einfache Hütte, Ratten im Slumviertel Dharavi, vgl. S. 156). Auch harte Arbeit scheut er nicht (z. B. in einer Gießerei, vgl. S. 70) im Kampf ums tägliche Brot.

Durch die Erfahrungen in der rauen Wirklichkeit eignet Ram sich eine besondere Art von Wissen an. Dabei handelt es sich nicht um Bildungs- oder Buchwissen, wie es in Quizsendungen abgefragt wird, sondern um **Straßenwissen**, das die Armen befähigt zu überleben (*street wisdom* = Lebensweisheit; Wissen, das nicht in einer Schule vermittelt wird). Dies verdeutlicht er auch der Anwältin Smita:

And I bet you, if the poor conducted a quiz, the rich wouldn't be able to answer a single question. [...] I don't know who was the first man on the moon, but I can tell you who was the first man to produce illegal DVDs in Dharavi. (S. 29)

Aufgrund dieser **Cleverness** erkennt er z. B, in welcher Gefahr er und Salim sich beim Kinderhändler Maman befinden, und drängt zur Flucht ("Salim, we have to escape from this place. Now.", S. 117). Manchmal verleiht ihm diese Fähigkeit auch ein Überlegenheitsgefühl gegenüber sozial höher Stehenden, die er schlagen kann, wenn es darauf ankommt. So bringt er z. B. den Spion Taylor mit dessen eigenen Mitteln, nämlich dem australischen Akzent, den Ram sich in seinem Haus angeeignet hat, zur Strecke. Der Underdog übertölpelt den vermeintlich Überlegenen. Diese **Gerissenheit** zeigt sich auch, wenn er anderen (und vielleicht auch sich selber) mit seiner Glücksmünze eine Entscheidung des Schicksals vorgaukelt, was ja nicht stimmt, da die Münze auf beiden Seiten „Kopf" zeigt.

Ein weiteres Beispiel ist Rams Fähigkeit, je nach Erfordernis der Situation einen geeigneten Namen zuzulegen und damit in eine entsprechende Rolle zu schlüpfen. Für Salim, der unter Hindus gelitten hat, ist er der muslimische „Mohammad" (S. 95), beim australischen Diplomaten Taylor und in Jimmys Bar arbeitet er unter dem christlichen Namen „Thomas" (S. 124 bzw. S. 159) und als Fremdenführer in Agra verwendet Ram den hinduistischen Namen „Raju Sharma" (S. 284). In Agra geschieht es auch, dass er kurz ins Straucheln gerät über seine Identität. Als er Nita, seiner großen Liebe, zum ersten Mal begegnet, verliert er vor Nervosität und Verliebtheit zum ersten

Mal beinahe die Kontrolle. Sie fragt ihn: "What is your name?", und er antwortet: "'Ram Mohammad Thom – no, no ... Raju Sharma,' I reply, catching myself just in time." (S. 299)

Neben seiner praktischen Lebenstüchtigkeit verfügt Ram auch über **besondere Kenntnisse**, die er im Hause des Priesters erworben hat und die ihn gegenüber den anderen Slumkindern auszeichnen. So kann er z. B. **Englisch** sprechen und lesen, was ihm im Laufe seines Lebens mehrfach zum Vorteil gereicht (z. B. Anführer im Waisenhaus, Sonderstellung im Haus des Diplomaten Taylor, bei Bollywoodstar Neelima Kumari, als Fremdenführer in Agra, in Jimmy's Bar und schließlich auch in der Quizsendung und dem nachfolgenden Verhör).

Obwohl Ram in den Häusern der Reichen allerlei Versuchungen ausgesetzt ist (vgl. S. 127), bleibt er **ehrlich**, wenn er auch manchmal zu einer Notlüge greifen muss (z. B. Angabe eines falschen Namens in Agra, vgl. S. 284). Er versucht sogar andere zu einem redlichen Lebenswandel anzuhalten und warnt z. B. den Koch Ramu vor einer Affäre mit der Tochter des Hauses Taylor oder das Dienstmädchen Lajwanti vor einem beabsichtigten Diebstahl. Das krasse **Missverhältnis zwischen Arm und Reich** und die ungleiche Verteilung der Güter wird Ram in Agra bei zwei Gelegenheiten in Ansätzen bewusst. Zum einen spürt er, als er von einer Gruppe reicher Studenten, die mit Geld um sich werfen, eingeladen wird, die eigene Unzulänglichkeit: "I am gripped by a totally new sense of inadequacy." (S. 295). Doch Ram rebelliert nicht, sondern er fragt sich gleich, ob ein Leben, in dem alle Wünsche erfüllt werden, überhaupt lebenswert ist (vgl. S. 296). Ein anderes Mal bewegt und verunsichert ihn die bittere Klage eines Mitbewohners, der die Ungerechtigkeit in der Gesellschaft für den Tod seines jungen Sohnes verantwortlich macht (vgl. S. 303).

Da Ram als **Einzelkämpfer** einer rauen Wirklichkeit trotzt, ist er hart geworden, aber nicht herzlos. Er verliert nicht den

Blick für andere, die er in einer Notlage sieht, sondern empfindet **Mitleid** und greift helfend ein – manchmal durch einen schrillen Schrei, mit dem er Gefahr abwendet (z. B. als der Aufseher Gupta im *Juvenile Home* kurz davor ist, Salim zu missbrauchen, S. 96, oder als sich ein Einbrecher in Neelimas Wohnung schleicht, S. 255). Häufig geht ihm das Schicksal anderer so nah, dass Tränen sein Gesicht überströmen (Neelima, S. 265; Nita, S. 306, 351; Shankar, S. 287, 327). Ram **zeigt** dann **offen** seine **Gefühle**, doch oft belässt er es nicht beim bloßen Mitgefühl, sondern setzt sich tatkräftig ein – wenn auch manchmal ohne Erfolg, wie im Fall des todkranken Shankhar. Hier muss er bitter erkennen, dass gegen die Mächtigen und Reichen schwer anzukommen und Hilfe für die Armen von ihnen nicht zu erwarten ist.

Rams **Sinn für Gerechtigkeit** ist so stark ausgeprägt, dass er auch nicht vor der Anwendung von **Gewalt** zurückschreckt, wenn es darum geht, Schwache und Schutzlose zu verteidigen. Entgegen seinem Rat an Salim, sich nicht in die Angelegenheiten anderer einzumischen ("I told you not to poke your nose into other people's affairs", S. 69), macht er sich zum Beschützer insbesondere von Mädchen und Frauen, um sie vor Übergriffen zu bewahren. Er verteidigt Gudiya gegen ihren Vater, das Mädchen im Zug gegen den Räuber und Nita gegen Freier und Zuhälter. Dadurch gerät Ram in Schwierigkeiten und ist einer ständigen Verfolgung ausgesetzt, die ihn in seinen Träumen plagt. Das „flashing red light" (z. B. S. 85, 91, 128, 268, 290) des Polizeiautos steigt ständig vor seinem geistigen Auge auf und er glaubt, seine Verhaftung stehe unmittelbar bevor.

In einer **Welt des Materialismus**, in der der soziale Stand und der Wert eines Menschen durch die Größe und das Fabrikat seines Fernsehers definiert wird (vgl. „thirty-two-inch TV", S. 195; „twenty-five-inch TV", S. 196; „twenty-nine-inch Sony TV", S. 246; „thirty-two-inch Sony TV", S. 360), bleibt für ihn, das Straßenkind am unteren Ende der Nahrungskette ("Street boys like me come at the bottom of the food chain.", S. 25), der Wunsch nach Besitz ein unerfüllbarer Traum. Nur einmal scheint er der Verwirklichung seiner Wünsche nahe zu kommen. Mit seinen 50 000 Rupien Ersparnis in der Tasche fühlt er sich der Mittelschicht zugehörig und nicht als Außenseiter. Die **Träume der Mittelschicht** von Ferrari und Braut („a red Ferrari and a beautiful bride", S. 181) scheinen mithilfe dieses Geldes greifbar. Zum ersten Mal spürt er auch, dass er als Besitzender von anderen mit Respekt betrachtet wird. Träume, so stellt er fest, verleihen nur Macht über das eigene Denken, mit Geld dagegen erlangt man Macht über andere: "With money you can have power over the minds of others." (S. 180) Doch mit dem Raubüberfall im Zug zerplatzen alle Vorstellungen vom Aufstieg (vgl. S. 186).

Geld spielt in der Welt, in der Ram lebt, eine wichtige Rolle ("we are mainly concerned with money, or lack of it", S. 245/246). Junge Mädchen wie Nita werden zur Prostitution gezwungen, um Geld für den Familienunterhalt zu verdienen. Als Ram in Agra als Fremdenführer genug Geld verdient und sogar etwas sparen kann, sieht er Geld als entbehrlich an und gibt sein Erspartes häufig selbstlos her:

> *[...] manage to save up for a rainy day. Except that a rainy day ceases to have meaning for a person who has lived in the open under a monsoon cloud most of his life. I had experienced too many misfortunes [...] to make long-term plans for the future. I treated money, therefore, like I treated my life – as an expendable commodity.* (S. 290)

Geld wird für ihn erst wichtig, als er die Chance sieht, damit Nita freizukaufen und mit ihr ein gemeinsames Leben zu beginnen:

> *I begin to think about the future and to believe I might even have one. With Nita by my side. I stop lending money to people [...]. I need every penny now.* (S. 311)

Doch anders als der Leser zunächst vermutet, bewirbt sich Ram bei *W3B* nicht, um zu Geld zu kommen, sondern um **Rache** an Prem Kumar zu üben (vgl. S. 348). Da Ram ein **Kämpfer** ist und durchhält, wird er am Ende für seine Redlichkeit wie im Märchen belohnt – mit Liebe und materiellem Besitz: dem Mädchen seines Herzens, Geld und einem Mercedes-Benz.

Salim

Salim Ilyasi ist **Rams bester Freund**, er ist zwei Jahre jünger und in Rams Augen „everything that I am not" (S. 94), d. h. er hat eine **hellere Hautfarbe** und ein **hübsches Gesicht** („cherubic face", S. 94). Salim ist sieben, als beide sich im Waisenhaus in Delhi kennenlernen. Salim ist **Muslim** und hat bei religiösen Unruhen auf grausame Weise seine Familie verloren ("his whole family was burnt to death", S. 95). Um dem Jungen die Furcht vor Hindus zu nehmen, stellt Ram sich mit seinem muslimischen Namen „Mohammad" vor. Die Erinnerung an das grauenvolle Schicksal seiner Angehörigen wird für Salim wieder lebendig, als er, Jahre später, in die Hände eines „Hindu mob" (vgl. S. 228) gerät. Im Waisenhaus teilen die Jungen gleiche Interessen, wie z. B. die Begeisterung für Bollywood-Filme. Salim ist eifrig und lebhaft, aber noch **wenig erfahren** und glaubt daher auch bereitwillig der Weissagung eines Handlesers, der ihm eine Karriere als Schauspieler vorhersagt.

Aufgrund seiner **Naivität** und **Leichtgläubigkeit** wird Salim nicht nur beinahe zum Opfer sexuellen Missbrauchs (vgl. S. 96), sondern auch der Blendung durch Mamans Handlanger, da er Mamans Versprechungen, er könne ihm zu Starruhm verhelfen, glaubt. In beiden Fällen ist es Ram, der Salim vor diesem Schicksal bewahrt. Auch als sie nach ihrer Flucht aus Mamans Lager ein Zimmer in einem *chawl* in Ghatkopar teilen, nimmt Ram Salim unter seine Fittiche. Salim ist 10 und arbeitet als *dabbawallah*, Ram als Diener bei Neelima Kumari. Ram versucht, Salim in seiner Vergötterung des Bollywood-Stars Armaan Ali zu mäßigen, doch erst die brutale Konfrontation mit der Realität (Homosexualität des Stars, Annäherungsversuche im Kino) **zerstört Salims Illusion** und macht der übersteigerten Verehrung ein Ende.

Als sie nach fünf Jahren der Trennung wieder zusammentreffen, kann Ram feststellen, dass Salim inzwischen **klüger und gerissener** geworden ist (durch seine Erfahrungen beim Auftragskiller Ahmed Khan). Sein Ziel, Schauspieler zu werden, hat er dagegen nicht aufgegeben, sondern verfolgt es weiterhin mit Eifer. Am Schluss ist es wieder Ram, der Salim unter die Arme greift, nämlich als heimlicher Geldgeber eines Films, in dem Salim eine Rolle ergattert hat.

Nebenfiguren

Nita: In Agras Rotlichtviertel lernt Ram, der sich Raju Sharma nennt, die 17-jährige schöne Nita kennen, seine spätere Ehefrau. Wie es im Stamm der Bedia, zu dem Nitas Familie gehört, Sitte ist, wurde sie mit zwölf Jahren aufgrund ihrer Schönheit von ihrer Mutter dazu bestimmt, als **Prostituierte** *(Bedni)* Geld für die Familie zu verdienen. Ihre Schönheit sieht sie daher als Fluch (vgl. S. 305) und verbietet Ram, ihr Komplimente zu ihrem Aussehen zu machen: "This is the price I have to pay for beauty. So don't call me beautiful." (S. 305)

Mit **Bitterkeit** und **Resignation** berichtet sie dem in sexuellen Dingen unerfahrenen Ram – seine Vorstellung von Prostituierten stammt aus den Bollywood-Filmen – von ihrem Schicksal. Sie tut so, als habe sie diese **Rolle akzeptiert** und sich damit abgefunden, bis zu dem Tag, an dem ihre Schönheit vergeht oder sie einer Krankheit zum Opfer fällt, als Prostituierte zu arbeiten. Doch Ram (Raju) glaubt ihr nicht ("I know she is lying", S. 304). Er verliebt sich in Nita, die seine Gefühle erwidert, und es gelingt ihm, Nita gegen alle Widerstände von ihrem Los zu befreien und zu seiner Ehefrau zu machen.

Als Prostituierte besitzt sie **keine Individualität und Identität**, man kennt sie nur bei ihrem Vornamen. Dem naiven Ram erklärt sie: "Prostitutes don't have surnames. Like pet cats and dogs, we are called only by our first names." (S. 299) Erst durch die Heirat mit Ram am Ende des Romans wird sie aus dieser Anonymität herausgeholt und in den Stand eines ehrbaren Mitglieds der Gesellschaft erhoben. Voller Stolz teilt Ram mit: "She is now my lawfully wedded wife, with a proper surname: Nita Mohammad Thomas." (S. 360)

Als **Gegensatz** zu diesem Frauenbild sind Lajwanti und Gudiya zu sehen. **Gudiya** ist eine moderne selbstbewusste Frau, die sich in einer Männerwelt durchsetzt. Auch **Lajwanti** gelingt es, das Beste aus ihrer Situation zu machen. Sie denkt praktisch und ergreift Initiative, um ihre Ziele zu erreichen.

Neelima: Die alternde Schauspielerin Neelima Kumari war einst die „Tragedy Queen" des Bollywood-Kinos. Für den 12-jährigen Ram wird sie nach dessen Flucht aus Mamans Bettlercamp zur Ersatzmutter. Nach dem Ende ihrer Filmkarriere fehlt der Diva in ihrem neuen Lebensabschnitt die Orientierung. Es gibt keine Drehbücher mehr, in denen ihre Rolle vorgezeichnet ist. Auf ihrem unsicheren Hin- und Herwanken zwischen „real life" und „reel life", d. h. der Wirklichkeit und der vorgestellten Welt des Films, verfällt sie in Depressionen und flüchtet in den Alkohol. Ihre Suche nach Zuneigung und Liebe führt sie zu Prem Kumar, der sie ausnutzt und misshandelt. Späte Vergeltung für die Pein, die Neelima vonseiten Kumars erdulden musste, nimmt Ram, indem er Prem Kumars Missetaten entlarvt.

Father Timothy: Der Gemeindepfarrer Timothy Francis stammt aus dem nordenglischen York und spielt im Leben Rams eine entscheidende Rolle. Nach missglückter Adoption durch das kinderlose Ehepaar Thomas nimmt er „the baby that no one wanted" (S. 50) bei sich auf, gibt ihm einen Namen und bietet ihm sieben Jahre lang ein Zuhause: "He became my father, mother, teacher and priest, all rolled into one." (S. 53) Vielleicht erinnert der Knabe ihn an seinen eigenen Sohn Ian, den er einst in seiner Heimat zurückließ. In der Obhut des **gütigen, großzügigen** und **praktischen** Gottesmannes (vgl. Rams Namensgebung) lernt er die christliche Lehre kennen, während ihn das Umfeld mit den anderen Religionen bekannt macht ("this extended family instructed me on the rudiments of other religions", S. 53). So werden im Hause des Priesters die Grundlagen für Rams religiöse Einstellung, seine Toleranz sowie sein Gefühl für Wahrheit und Ehrlichkeit gelegt. Der **sanfte, hilfsbereite** und **allseits beliebte** Father Timothy wandelt sich völlig und greift zur Gewalt, als er das Wohl seines leiblichen Sohnes Ian gefährdet sieht.

Maman: Der **brutale** und **erbarmungslose** Sethji, der mit echtem Namen Babu Pillai heißt, betreibt in Mumbai ein Camp, in dem er Waisenkinder zu Bettlern abrichtet. Um die Kinder noch bemitleidenswerter erscheinen zu lassen, nehmen ihnen Mamans Schergen auf teuflische Weise das Augenlicht oder verstümmeln ihre Gliedmaßen. Er bewertet die Kinder nur nach dem Nutzen, den er sich von ihnen verspricht. So ist er bei seinem Besuch im Waisenhaus in Delhi zunächst lediglich an Salim interessiert, da der im Gegensatz zu Ram eine gute Singstimme besitzt. Maman nützt die Ahnungslosen unbarmherzig aus. Nach Jahren trifft Salim zu seinem Entsetzen wieder auf den Peiniger Maman, doch es gelingt ihm, nicht nur zu entkommen, sondern Maman auch auf listige Weise seiner gerechten Strafe zuzuführen.

Prem Kumar ist der Quizmaster der Show *W3B*. Zunächst scheint es so, als sei er Ram freundlich gesinnt, da er ihm hilft, die zweite Frage zu beantworten, um Ram im Spiel zu halten. Er ersetzt die ursprüngliche Frage nach der Bedeutung der Abkürzung FBI, die Ram nicht beantworten könnte, durch das Ram geläufige INRI. Doch kurz darauf wird deutlich, dass die **vermeintliche Freundlichkeit** nicht Ram als Person gilt, sondern nur dazu dient, die Sendung für die Zuschauer interessant zu halten.

Der **hinterhältige** Prem Kumar erfüllt eine Rolle in einem abgekarteten Spiel: "OK, buster, your golden run [...] is now about to end." (S. 87) Um zu verhindern, dass Ram die Millionen gewinnt, stellt er ihm eine Falle. Er behandelt Ram **herablassend** und setzt ihn dem Spott der Zuschauer aus. Da er dem Kellner in Wahrheit nichts zutraut, verfolgt er mit wachsendem Erstaunen Rams Fortschritte. Dessen Erfolg macht ihn nervös: "Prem Kumar's face is flushed. He is perspiring profusely." (S. 342) Der letzte Versuch, Ram zu Fall zu bringen, scheitert, als Ram Prem Kumar als **feigen** und **gewalttätigen** Peiniger Neelimas und Nitas entlarvt und ihn mit einer Pistole bedroht.

Prem Kumar verkörpert (neben Maman) den „Bösen" in diesem modernen Märchen. Dementsprechend wird er am Ende bestraft und stirbt unter mysteriösen Umständen.

2 Personenkonstellation und Charakterisierungen im Film

Im Film *Slumdog Millionaire* ist aus der einen Zentralfigur des Romans, Ram Mohammad Thomas, ein **Trio** geworden: Jamal, Salim und Latika. Erhalten geblieben – und leicht verändert – wurden die Charaktere Maman und Prem Kumar. Neu ist der zweite Gangsterboss Javed Khan.

Die wechselhafte Beziehung der drei Hauptpersonen Jamal, Salim und Latika wird durchgehend mit dem Bild von den **drei Musketieren** illustriert. Eingeführt wird das Motiv am Anfang des Films, als der Lehrer mit den Schulkindern die Geschichte von Alexandre Dumas liest.[9] Wie üblich kommen Jamal und Salim zu spät, denn der Schulmeister begrüßt sie mit den Worten: "Ah! Here come our very own musketeers! Thank you for gracing us all with your presence." (Min. 8:17) Er nennt die beiden Porthos und Athos, und so sehen sich Jamal und Salim auch selbst: als **untrennbare Freunde**, die gemeinsam durch dick und dünn gehen. Kurz bevor er das Kommando zur Flucht aus dem Camp gibt, fordert Salim von Jamal erhöhte Aufmerksamkeit und bedingungslosen Gehorsam, einfach dadurch, dass er ihn mit seinem Musketiernamen anspricht.

Den Namen des dritten Musketiers kennen beide nicht – vielleicht weil sie im Unterricht zu häufig gefehlt haben. Nach dem Tod ihrer Mutter und der Zerstörung ihres Zuhauses möchte Jamal die ebenfalls verwaiste Latika als dritten Musketier in ihren Bund aufnehmen (vgl. Min. 19:50), doch Salim, der sich jetzt als Oberhaupt der Familie sieht, wehrt brüsk ab: "She's not coming in […] We don't even know the name of the third bloody musketeer." (Min. 20:00) In dieser Szene deutet sich bereits an, dass Jamal und Latika ein engeres Band verbinden wird, während das Verhältnis Salim-Latika von Spannungen gekennzeichnet sein wird. Im Bettlercamp spielt sie ihm einen Streich, er behandelt sie herablassend und möchte sie aus dem Dreierbund ausschließen. Jamal hingegen träumt weiterhin von einer gemeinsamen Zukunft der drei Musketiere, wie er Latika vorschwärmt. Bei der gemeinsamen Flucht vor Maman, lässt Salim Latikas Hand los, sodass sie im Camp zurückbleiben muss (vgl. Min. 34:09) Bei der letzten Quizfrage geht es um den Namen des dritten Musketiers. Weder Jamal noch Latika kennen ihn, doch Jamal rät die richtige Antwort.

Jamal

Jamal K. Malik ist 18 und als *chai wallah* (Teeservierer) in einem Callcenter in Mumbai beschäftigt, als er in der Quizshow *Who Wants To Be A Millionaire?* auftritt.

Während sich Ram in *Q&A* selbst als „ugly“ (S. 49) bezeichnet und als das komplette Gegenstück zum hübschen Salim sieht (vgl. S. 94), so ist es im Film eher umgekehrt. Schon der Name Jamal (= gutaussehend, attraktiv) deutet dies an.

Aufgewachsen ist er zusammen mit seinem älteren Bruder Salim in einem Armenviertel Mumbais. Beide sind richtige Lausbuben, spielen auf der Startbahn Kricket, schwänzen die Schule und spielen der Polizei Streiche. Jamal ist ein **verträumter** Junge, der den Bollywoodstar Amitabh Bachchan vergöttert. Die Kindheit der Brüder geht mit dem gewaltsamen Tod der Mutter, den beide miterleben müssen, brutal zu Ende. Von nun an sind sie heimatlos, ziehen umher und lernen, sich allein durchzuschlagen. Jamal, der **weichere** und **mitfühlendere** der Brüder, ermutigt das Waisenmädchen Latika sich ihnen anzuschließen und der dritte Musketier in ihrem Bund zu werden – auch gegen den anfänglichen Widerstand seines Bruders (Salim: “I’m the elder in this family now, and I say she’s not coming in, okay?”, Min. 19:52) Bald verliebt er sich in das Mädchen, das zum neuen Mittelpunkt seines Lebens wird. Nach ihrer Trennung, auf der Flucht vor Maman, versucht er alles, um die Verbindung mit Latika wieder herzustellen.

Bei der Überwindung zahlreicher Hindernisse bis zum Happy End beweist Jamal **Durchhaltevermögen** und **Erfindungsreichtum**. Er erträgt Enttäuschungen, Erniedrigungen, Spott und Qualen, weil er unbedingt Latika wiederfinden will. Jamal bleibt **ehrlich** und ist im Unterschied zu seinem Bruder Salim **an Geld wenig interessiert**. Er bewirbt sich bei der Quizshow, um durch die populäre TV-Sendung Latika auf sich aufmerksam zu machen und mit ihr wieder in Kontakt zu kommen. Denn seit ihrem kurzen Zusammentreffen in Javeds Haus weiß er, dass sie die Sendung gerne ansieht.

Im Laufe des Dialogs mit dem Quizmaster wird Jamal immer **selbstbewusster**. Als Quizmaster Prem Kumar die Frage nach der 100-Dollar-Note stellt, fragt er ironisch: "Get a lot of hundred dollar bills in your line of work, Jamal?" Jamal antwortet keck "The minimum tip for my services" und erntet Gelächter bei Publikum (Min. 46:17). Ein ähnlicher Wortwechsel vollzieht sich bei der Frage nach Alexandre Dumas' Roman: "PREM: Big reader, are you, Jamal? – JAMAL: I can read." (Min. 1:38:22) Einmal dreht Jamal sogar den Spieß um und fragt Prem: "Are you nervous?" (Min. 1:08:30)

Salim

Salim Malik ist Jamals älterer Bruder und der **gerissenere** der beiden. Sein Name bedeuted „friedliebend", was wenig passend erscheint. Schon als Junge ist er **Geschäftsmann**, indem er Eintritt zu den Latrinen kassiert. Er verhökert relativ herzlos das Autogramm, das Jamal sich nach dem beherzten Sprung in die Latrine bei seinem Star verschafft hat – wohlwissend dass es seinem Bruder viel bedeutet. Schon hier zeichnet sich ab, wie wichtig **Geld** für ihn ist. Im Laufe der Zeit weicht Salim immer mehr vom Pfad der Tugend ab. Im Camp des Kinderhändlers steigt er aufgrund seines **Durchsetzungsvermögens** gegenüber den Bettlerkindern zur rechten Hand Mamans auf. Doch zögert er noch, dessen Angebot, den Aufstieg zu Macht und Reichtum zu beginnen und ganz auf die Seite des Verbrechens überzuwechseln, anzunehmen. Der **Beschützerinstinkt** und die Zuneigung zu Jamal sind noch so stark, dass Salim sich vor Jamal stellt und ihn durch die Flucht vor Schaden bewahrt.

Jamals bedingungslose Liebe zu Latika, die auch dann noch anhält, als die Situation völlig aussichtslos zu sein scheint, kann Salim in keiner Weise nachvollziehen. Er baut **keine dauerhaften Beziehungen** zu anderen Charakteren auf. **Rücksichtslos** und auf seinen eigenen Vorteil bedacht, ist er allein bestrebt, zu Geld zu kommen und Macht über andere zu haben (als Kind über Jamal, später über die anderen Kinder bei Maman und dann über Latika und andere Mitglieder in Javeds Gangsterbande).

Seine Beziehung zu Jamal ändert sich, als die Brüder nach ihrer Zeit als Fremdenführer in Agra auf Drängen Jamals nach Mumbai zurückkehren. Salim hätte sich vielleicht mit seinem Leben in Mumbai zufriedengegeben, doch wieder ist es Jamal, der durch seinen Wunsch, Latika wiederzufinden, die verhängnisvolle Veränderung Salims auslöst. Salim tötet Maman, bringt Latika an sich und bricht mit Jamal ("I'm No. 1 now! [...] The man with the Colt 45 says: shut up, go now!", Min. 1:00:37–1:00:47). Fortan verdingt er sich als **Auftragskiller** im Dienst des Gangsterbosses Javed. Zunächst erscheint Salim als skrupelloser Verbrecher, der über Leichen geht, doch der Film offenbart einen **religiösen Wesenszug** Salims. Als die Brüder im Hochhausneubau wieder zusammentreffen, sieht er das als Fügung Gottes und begrüßt Jamal mit den Worten "God is good, bhai. God is good" (Min. 1:09:41).

Er nimmt Jamal bei sich auf, und der beobachtet, dass Salim, der Auftragskiller, betet und Gott für seine Taten um Verzeihung bittet: "Oh Lord, forgive me, I know that I have sinned." (Min. 1:12:32) Verstärkt wird sein Unrechtsbewusstsein und die Erkenntnis, ein sündiges Leben geführt zu haben, durch die bedingungslosen Liebe, die er bei Jamal für Latika sieht. Unter diesem Eindruck bittet er Latika um Vergebung und verhilft ihr zur Flucht. Salim betet (vgl. Min. 1:41:50) und ist bereit zur Buße. Ironischerweise in Banknoten badend – Geld war ihm immer wichtig – **opfert** er **sein Leben**, damit Jamal und Latika wieder zueinanderfinden können. Zur selben Zeit, da Jamal seinen Triumph in der Show feiert, macht Salim seinen Frieden mit Gott. Sterbend sagt er: "God is great." (1:44:10)

Latika

Die Vollwaise Latika ist ähnlich wie Nita im Roman *Q&A* eine **ohnmächtige Figur** in den Händen der mächtigen und brutalen Männer. Schon als Kind, als sie Jamal und Salim kennenlernt, steht sie wartend im Regen und hofft auf Hilfe von anderen.

Die Schöne **ergreift keine Initiative**, weil sie dazu nicht fähig ist. In der Gesellschaft, in der sie aufgewachsen ist, hat sie dies auch gar nicht gelernt. Sie ist in eine Rolle hineinerzogen worden, aus der sie nicht heraus kann. Insofern verkörpert sie – wie Nita – das **traditionellere** (stereotype) **Frauenbild** Indiens: die Unterwürfige, die Leidende, die sich in ihr Schicksal fügt und erträgt, was ihr zugemutet wird. Sie wartet auf einen Retter, der sie befreien wird. Auch am Ende flieht sie nicht aus eigenem Antrieb, sondern weil Salim sie dazu drängt.

Eine Parallele zu Nitas fehlendem Nachnamen könnte in Salims Entgegnung gesehen werden, als er Jamals Vorschlag ablehnt, Latika als dritten Musketier aufzunehmen: "We don't even know the name of the third bloody musketeer." (Min. 20:01)

Nebenfiguren

Prem Kumar ist der Moderator der Show *Who Wants To Be A Millionaire?* und hält sich für den unbestrittenen Star der Sendung. **Arrogant** und **herablassend** behandelt er den Kandidaten Jamal. Als er erkennt, dass der Junge ihn an Popularität zu übertreffen beginnt, zieht er alle Register, um den Rivalen zu Fall zu bringen ("This is my show!", Min. 1:30:33). Sobald er nicht auf Sendung ist, offenbart er seine **hinterhältige** und **scheinheilige** Art. Er zögert nicht, ihn aus der Sendung zu kippen, indem er ihm mit einem falschen Tipp eine Falle stellt (vgl. Min. 1:24:38). Als auch dies nicht die erhoffte Wirkung hat, lässt er Jamal verhaften und brutal verhören. Anders als im Roman geht im Film die Bestrebung, den Kandidaten nicht gewinnen zu lassen, allein vom Showmaster aus.

Die Gangsterbosse Maman und Javed: Der Gangster **Maman** lockt Jamal, Salim und Latika mit Essen und Trinken von der Müllkippe in sein Camp, wo er Kinder zu professionellen Bettlern ausbildet. Ähnlich wie die Figur Maman im Roman ist er **absolut skrupellos**, beurteilt die Kinder nach dem Nutzen, den sie ihm bringen, und schreckt vor Grausamkeiten nicht zurück: Er lässt den Jungen Arvind blenden, damit dieser als Blinder mehr Mitleid erweckt und Maman mehr Geld einbringt. Daher wehrt er sich auch später im Film mit Gewalt, als Salim und Jamal Latika aus seinen Fängen befreien wollen. "You really thought you could just walk in and take my prize away?" (Min. 53:40) Maman hat für sich die Entscheidung, vor die er den jungen Salim im Camp stellt, schon längst getroffen: "It's decision time. You want the life of a slum dog or the life of a man. A real man. A gunfighter." (Min. 30:10) Nur die kriminelle Karriere, so seine Überzeugung, verspricht Aufstieg und das große Geld – ein Trugschluss, wie sein gewalttätiges Ende beweist.

Der andere Gangsterboss im Film ist **Javed**, den die Jungen aus ihrer Zeit im Slum kennen. Salim tritt in seine Dienste, nachdem er Maman erschossen und Latika in seine Gewalt gebracht hat. Javed ist ähnlich skrupellos wie Maman, aufbrausend, unberechenbar und unduldsam. Er ist der absolute Herrscher, der alles und alle unter Kontrolle hat. Selbst die Polizei begegnet ihm unterwürfig und mit Respekt (vgl. Verfolgungsjagd, Min. 7:30). In seinem Bungalow hält er die unglückliche Latika gefangen, die er barsch herumkommandiert. An ihm erfüllt Salim, womit er Javeds Ganoven bei der ersten Begegnung gedroht hatte: "I killed Maman. I'll kill you, too." (Min. 58:30) In einer Badewanne voller Geld liegend erschießt Salim den Gangster Javed, der bemerkt hat, dass Latika geflohen ist.

3 Struktur und Erzählperspektive im Roman

3.1 Struktur

Vikas Swarups Roman *Q&A* umfasst **zwölf Kapitel**, in denen Ereignisse geschildert werden, die den Schlüssel zu den zwölf Fragen enthalten, die Ram Mohammad Thomas in der Quizshow beantworten muss. Als **Rahmen** fungieren ein **Prolog**, der in die Handlung einführt, und ein **Epilog**, in dem die noch offenen Handlungsstränge zu Ende geführt werden. Die Handlung verläuft auf **drei Ebenen**:

- Erzähl-Gegenwart: Ram und seine Retterin Smita analysieren den Mitschnitt der Sendung *Who Will Win A Billion?*
- Erzähl-Vergangenheit (zwei Stufen):
  1. Rückblende: Rams Auftritt in der Quizsendung
  2. Rückblende: Episoden aus Rams Leben

Auf der letztgenannten Ebene spielt die **Haupthandlung** des Romans, denn hier werden die einzelnen Episoden erzählt. Sie sind jeweils als **selbstständige Einheiten** konzipiert, sodass man sie als in sich abgeschlossene Kurzgeschichten bezeichnen könnte. In Swarups Worten: "My aim was to make each story complete in itself, to make it stand on its own, even without the larger context of the novel." (S. 370)

Die **Anordnung** der Geschichten im Roman folgt nicht ihrem tatsächlichen zeitlichen Ablauf im Leben der Hauptfigur Ram Mohammad Thomas, sondern der Reihenfolge der Fragen in der Quizshow. Die Handlung springt also vor und zurück. Swarup begründet dies damit, dass die Reihenfolge der Episoden die zunehmende Schwierigkeit der Fragen in einer Quizshow widerspiegeln soll: "[...] easier questions come first, difficult questions come later and the topics have to keep changing." (ibid.) Hier zeigt sich auch Swarups Ehrgeiz, dem Leser eine abwechslungsreiche, spannende Geschichte zu bieten.

Damit der Leser den Überblick nicht verliert und die einzelnen Geschichten zeitlich richtig einordnen kann, gibt Swarup in jeder Episode Hinweise zum Alter der handelnden Personen (vor allem zu Ram) und zum Ort der Handlung: "But since I was eight years old, I was sent to Delhi Juvenile Home for Boys." (S. 91) – "[…] this is Thomas, male, fourteen." (S. 124) – "[…] our first contestant tonight is eighteen-year-old Ram Mohammad Thomas from […] Mumbai." (S. 45/46)

Des Weiteren ziehen sich **wiederkehrende Motive** wie ein roter Faden durch die Handlung, um den Zusammenhang zwischen den Episoden herzustellen und sie zu einer natürlichen Einheit zu verschmelzen:

Above all, I wanted to ensure an organic connection between the stories and the questions – they needed to appear natural rather than gimmicky and forced. (S. 370)

Unter diesen Motiven nehmen zwei eine Sonderstellung ein, allein schon durch die Häufigkeit ihres Auftretens (Leitmotive): die **Traumerinnerung** an eine junge Frau („young woman, wearing a white sari, […] long black hair", „wind […] howling" – vgl. z. B. S. 49, 80, 112, 114, 187) und das Bild vom blinkenden **Warnlicht** des Polizeifahrzeugs („flashing red light" – z. B. S. 85, 91, 128, 149, 290, 334).

Diese wiederkehrenden Erinnerungen verknüpfen die einzelnen Geschichten nicht nur, sondern sie besitzen auch eine **charakterisierende Funktion**, indem sie Rams Gefühlslage veranschaulichen (siehe „Personenkonstellation und Charakterisierungen im Roman" S. 35 ff. und „Symbolik" S. 71).

Außerdem werden bestimmte Personen, Dinge und Sachverhalte, die der Leser bereits kennt oder auf die vorausgedeutet wird, in unterschiedlichen Zusammenhängen in mehreren Kapiteln erwähnt. Mehrfache Erwähnung finden z. B. die **Personen** Father Timothy (*Prologue* S. 23, *A Brother's Promise* S. 78, *The Thirteenth Question* S. 352), Armaan Ali (*A Brother's Promise* S. 69, *A Soldier's Tale* S. 197, *Licence to Kill* S. 227), Colonel Taylor (*Prologue* S. 14, *Murder on the Western Express* S. 174, S. 190, *Licence to Kill* S. 224) und besonders häufig Rams (beinahe) Ersatzmutter Neelima Kumari (*A Brother's Promise* S. 70, *A Thought for the Crippled* S. 111, *How to Speak Australian* S. 129, *Hold on to your Buttons* S. 156, *A Soldier's Tale* S. 198, *The Thirteenth Question* S. 349).

Zudem tauchen verschiedene **Dinge** mehrfach auf: z. B. Rams Glücksmünze (S. 100, 314, 361), die 50 000 Rupien Lohn, die er bei Colonel Taylor verdient hat (S. 174, 247) sowie Hinweise auf die Ausgaben der Magazine *Australian Geographic* (S. 129, 174) und *Starburst* (S. 41, 197).

Mehrfach erwähnt werden verschiedene **Sachverhalte** wie z. B. Homosexualität (S. 41, 59), Kindesmissbrauch (S. 41, 92), die Lebensumstände in Wohnblocks *(chawls)* und Slums (S. 70 ff., 156/157, 275/276), Alkoholkonsum (S. 76, 125/126, 154, 266), Korruption (S. 21, 91, 118, 125, 138), Prostitution (S. 298, 305) oder auch die verführerische Filmwelt Bollywood (S. 35 ff., 85, 92, 251 ff., 351). Vermittels dieser Elemente wird der Leser in die Lage versetzt, Verbindungen herzustellen und damit die Zeitsprünge nachzuvollziehen und die Ereignisse in den Handlungsverlauf chronologisch einzuordnen.

Als verbindendes Element zwischen den unterschiedlichen Ebenen kann Rams Gedächtnis gesehen werden. Mit der ungewöhnlichen Erzählstruktur zeigt Swarup, was im Kopf eines Kandidaten einer Quizshow vor sich geht, der sich für die Beantwortung der Fragen verschiedenste Erinnerungen und Erfahrungen aus seinem Leben ins Gedächtnis ruft: "I was interested in the ideational and psychological processes that are at work in a contestant's mind." (S. 369)

Folgendes Schaubild verdeutlicht den Unterschied zwischen der **Abfolge der Episoden im Roman** und der **Chronologie der Ereignisse** in Rams Leben. Die innere Reihe zeigt die Handlung im Roman, während die Nummerierung den chronologischen Ablauf bezeichnet.

3.2 Schaubild zum Aufbau des Romans

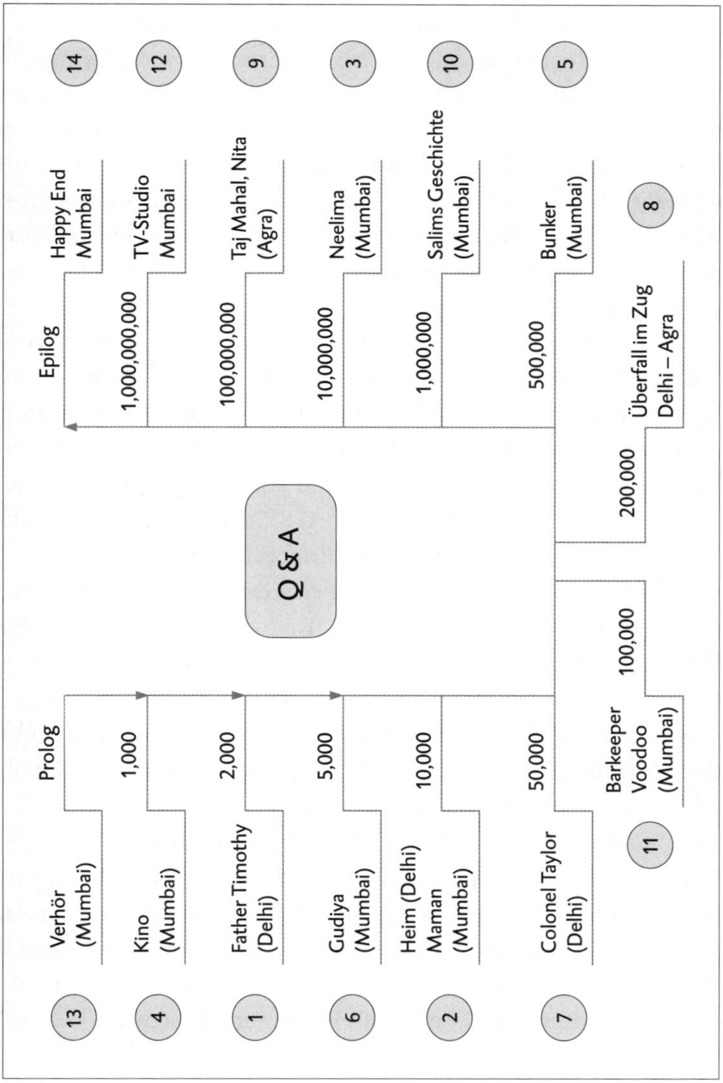

3.3 Erzählperspektive des Romans

Für das Verständnis und die Interpretation von narrativen (= erzählenden) Texten ist die Analyse der Erzählperspektive (auch: Erzählsituation oder Erzählhaltung) wichtig, da durch den Blickwinkel des Erzählers und seine eigenen Einstellungen bestimmte Effekte erzielt werden. Unter **Erzählperspektive** *(point of view)* versteht man das Verhältnis von Erzähler und erzähltem Geschehen. Der **Erzähler** *(narrator)* darf nicht mit dem **Autor** *(author)*, dem Verfasser der Geschichte, gleichgesetzt oder verwechselt werden.

Der Autor Vikas Swarup lässt die Ereignisse im Roman von mehreren Figuren erzählen. Der wichtigste Erzähler ist Ram Mohammad Thomas, der das Geschehen in neun der insgesamt zwölf Episoden selbst erlebt hat und darüber informiert. Bei drei Episoden ist er lediglich Zuhörer und gibt wieder, was ihm die drei Erzähler Prakash Roa (Voodoo-Geschichte), Balwant Singh (Kriegserlebnis) und Salim Ilyasi (Erlebnisse im Haus des Auftragskillers) mitgeteilt haben. Bei dieser doppelten Verschachtelung (Autor [Swarup] – 1. Erzähler [Ram] – 2. Erzähler [Prakash Roa bzw. Balwant Singh bzw. Salim Ilyasi]) ergibt sich der Nebeneffekt, dass sich insbesondere bei schwer glaubhaften Ereignissen der Erzähler Ram **distanzieren** kann. Er nimmt die Rolle des **Berichterstatters** ein, der behauptet, Gehörtes akkurat wiederzugeben: "So this is the story narrated by Salim, in his own words." (S. 225) Für den Wahrheitsgehalt braucht er keine Garantie zu übernehmen und kann Einwände, die sich auf die Glaubwürdigkeit der Berichte beziehen, abblocken. Als Smita Zweifel an der Voodoo-Geschichte äußert ("You don't expect me to believe this mumbo-jumbo nonsense, do you?", S. 170), kann Ram entgegnen: "I make no judgement. I merely related to you what was told me [...]. What I heard, what I saw." (ibid)

Q&A ist eine **Icherzählung** *(first-person-narration)*. Alle vier Erzähler sind Icherzähler *(first-person-narrator)*, die die Ereignisse aus ihrer Perspektive schildern. Als **Erzählzeit** verwendet Vikas Swarup hauptsächlich das Präsens, womit eine **Unmittelbarkeit** erzielt wird, die den Leser zum Augenzeugen des Geschehens macht: "The third bell has sounded. The purple velvet curtain is about to be raised." (S. 31) – "Food. That is all I can see, hear, think and smell [...]." (S. 273) Diese Erzählweise wird in der Literaturtheorie als **Darstellung** (*showing* oder *dramatic mode*) bezeichnet, weil im Leser die Illusion geweckt wird, nicht etwas erzählt, sondern gezeigt zu bekommen.[10] Natürlich wird diese Erzählweise nicht in Reinform verwendet. Manchmal spricht der Haupterzähler Ram wie ein **allwissender Erzähler** *(omniscient narrator)*, der als Erwachsener aus der Rückschau erzählt, den Leser direkt an, indem er zu Beginn eines Kapitels in die Handlung einführt (z. B. Kapitel *The Burden of a Priest*: „If you have been to Delhi by train [...]", S. 48, oder *Murder on the Western Express*: „If you were to search for me in this crowded maze [...]", S. 173). Zuweilen gibt er zusätzliche Wertungen und Kommentare ab oder streut Vorausdeutungen ein: "What happened to Neelima Kumari would never happen here, because in a chawl everyone knows everything that is going on." (S. 70) Das Schicksal Neelimas wird jedoch erst viel später, im Kapitel *Tragedy Queen* (S. 244 ff.) entfaltet.

Die Geschichten schildern Begebenheiten aus verschiedenen Lebensabschnitten Rams. Dabei macht Vikas Swarup sich den Umstand zunutze, dass er den Erzähler Ram das Geschehen jeweils entsprechend seiner Erfahrung und seinem Wissensstand wiedergeben lässt (vgl. Kapitel „Sprache und Stil", S. 63).

4 Struktur des Films

4.1 Schaubild zum Aufbau des Films

Slumdog Millionaire

- 1,000 Frage 1: Filmstar
  - Verhör
  - Kricketspiel, Verfolgungsjagd im Slum
  - Autogramm
- 4,000 Frage 2: Staatswappen
  - Polizeirevier
  - Publikumsjoker
- 16,000 Frage 3: Rama
  - Hindu-Mob, Tod der Mutter
- 250,000 Frage 4: Lied
  - Müllkippe
  - Mamans Bettlercamp
  - Flucht mit dem Zug
- 1,000,000 Frage 5: 100-Dollar-Schein
  - Taj Mahal (Agra)
  - Arvind (Mumbai)
- 2,500,000 Frage 6: Revolver
  - Suche nach Latika
  - Tod Mamans, Flucht mit Latika
  - Bruch Salim – Jamal
- 5,000,000 Frage 7: Cambridge Circus
  - Callcenter → Bewerbung bei Quiz
  - Wiedersehen mit Salim, Latika und Gangster Javed
- 10,000,000 Frage 8: Kricketspieler
  - Bahnhof: Latikas Fluchtversuch
  - Werbepause, falscher Tipp
  - Verhaftung
- 20,000,000 Frage 9: Musketier
  - Salims Opfer
  - Jamals Anruf
  - Bahnhof: Wiedersehen Jamal und Latika, Happy End

4.2 Strukturelle Merkmale des Films

Die Bearbeitung der Romanvorlage durch Drehbuchautor Simon Beaufoy und Regisseur Danny Boyle hat sich natürlich außer in der Streichung bzw. Übernahme oder Veränderung von Handlungselementen auch in der Struktur niedergeschlagen. Der wesentlichste Unterschied ist zunächst, dass der Film darauf verzichtet, in der Abfolge der Episoden die Steigerung im Schwierigkeitsgrad der Fragen vom Leichteren zum Schwierigen nachzubilden. Ein Hin- und Herspringen im Leben des Protagonisten wie im Roman wurde aufgegeben zugunsten einer **chronologischen Erzählstruktur**. Der Film beginnt wie der Roman in der Gegenwart mit dem Verhör Jamals und erzählt dann in Rückblenden *(flashbacks)* chronologisch das Geschehen in drei Lebensabschnitten der Brüder Salim und Jamal. Es wird gezeigt, was sie als Kinder, Teenager und als Erwachsene erlebten. Die verschiedenen Lebensabschnitte werden durch die Besetzung der Rollen mit altersgemäßen Schauspielern verdeutlicht.

Geändert wurde ebenfalls die **Reihenfolge von Episode und Frage**. Im Roman wird zuerst die Geschichte erzählt, dann kommt Prem Kumars Quizfrage. Im Film ist es zumeist umgekehrt. Eine weitere Umstellung betrifft Rams bzw. Jamals Verhaftung. In *Q & A* wird Ram nach Ende der Show, also dem Gewinn des Hauptpreises, verhaftet. In *Slumdog Millionaire* geschieht dies nach der vorletzten Frage, am Ende der ersten Sendung, die live übertragen wird. Damit bleibt die **Spannung** in zweifacher Hinsicht erhalten: Der Zuschauer fragt: Kommt Jamal überhaupt wieder in die Show? – und wenn ja: Wird er die letzte Frage beantworten können? In Atem gehalten wird der Zuschauer zudem durch die intensive Liebesgeschichte zwischen Jamal und Latika. In einem Interview sprach Vikas Swarup von „heavy-duty love story“[11]. Anders als im Roman, in dem Ram Nita erst später kennenlernt, beginnt die Beziehung zwischen Jamal und Latika schon in ihrer Kindheit.

Latikas Bild, wie sie sich am Bahnhof von Mumbai (Victoria Terminus) suchend nach Jamal umschaut, wird bereits ganz am Anfang des Films eingeblendet, als der Zuschauer noch gar nicht weiß, um wen es sich handelt und in welchem Zusammenhang die Szene steht (vgl. Min. 2:50).

Jamals Sehnsucht nach Latika symbolisierend zieht sich das Bild von der Suchenden durch den gesamten Film (z. B. Min. 45:26, 1:21:57, 1:47:23) – untermalt von gefühlvoller Musik („Latika's Theme"). Damit ist dieses Bild dem Leitmotiv der jungen Frau im Sari ähnlich, das im Roman *Q&A* immer wiederkehrt. Der Spannungsbogen erreicht am Ende des Films seinen Höhepunkt, als alle Welt sich fragt, ob die beiden Liebenden zusammenkommen können.

Auf die Frage, was ihn bei der Umarbeitung seines Romans zum Film am meisten gestört habe, antwortete Swarup: die Änderung des Namens Ram Mohammad Thomas in Jamal Malik.[12]

Roman	Film
Erst Episode, die den Schlüssel zur Antwort enthält, dann Quizfrage: Episode – Frage – Antwort	Erst Quizfrage, dann Episode in der Rückblende als Erklärung für Antwort: Frage – Episode – Antwort
Ablauf der Ereignisse richtet sich nach dem steigenden Schwierigkeitsgrad der Quizfragen	Chronologischer Ablauf der Ereignisse in drei Lebensaltern: Kinder – Teenager – Erwachsene
Verknüpfungen durch verschiedene Leitmotive (Frau im Sari, Warnlicht)	Verknüpfung durch das Bild der erwachsenen Latika am Bahnhof
Rams Verhaftung erfolgt nach Ende der Show	Jamals Verhaftung erfolgt nach der vorletzten Frage

Strukturelle Unterschiede in Roman und Film

5 Sprache und Stil im Roman

Der Berufsdiplomat Vikas Swarup reiht sich mit seinem Erstlingsroman als Schriftsteller in die Reihe der Inder ein, die nicht in ihrer Muttersprache schreiben, sondern in der Sprache der ehemaligen Kolonialherren. Allerdings sind in den englischen Text immer wieder **Hindi-Wörter eingestreut**, die dem Roman, vor allem für westliche Leser, etwas **Exotik** verleihen. Solche Wörter bezeichnen z. B. Orte („chawl“, S. 70), Berufe („dabbawallah“, S. 41), Sportarten („kabaddi“, S. 71) oder Kleidungsstücke („kurta [...] kadi“, S. 91), die typisch für Indien sind und nicht direkt ins Englische übertragen werden können.

Bedeutende Vertreter der modernen indo-englischen Literatur sind z. B. Salman Rushdie (*Midnight's Children,* 1981), Rohinton Mistry (*A Fine Balance*, 1995), Arundhati Roy (*The God of Small Things*, 1997), Suketu Mehta (*Maximum City: Bombay Lost and Found*, 2004) und Aravind Adiga (*The White Tiger*, 2008). Diese Schriftsteller wurden häufig mit Preisen für ihre literarische Leistung ausgezeichnet.

Vikas Swarup selbst erhebt nicht den Anspruch, mit *Q&A* „gehobene“ Literatur geschaffen zu haben. Ihm ging es um eine handlungsstarke Geschichte, einen Thriller, den er in der Rekordzeit von vier Monaten schrieb:

I'm not one of those writers who wants to spend four pages describing a sunrise. There are so many of them in India. I'm a sucker for thrillers and I wanted to write one. I'm not one for lengthy descriptions of setting suns or scenery. I like to get on with the story. I'm much more influenced by Alistair MacLean and James Hadley Chase. I'm no Arundhati Roy.[13]

Die Millionenauflage von *Q&A* beweist, dass Swarup eine packende Geschichte erzählt, die das Lesepublikum weltweit anspricht und fasziniert.

In Anbetracht dessen ist es nicht verwunderlich, dass Kritiker, die auch auf die sprachliche Realisierung einer Geschichte achten, Einwände vorbringen:

Die Kulissen vom Waisenhaus über den Taj Mahal bis zum Königspalast sind pittoresk, allein die Sprache hinkt den plastischen Bildern oft holpernd hinterher [. . .]. Störend wirken insbesondere Brüche in der suggerierten Mündlichkeit der Erzählung. Nicht durchgängig gelingt es Swarup, dem schlichten Ram eine angemessen einfache Sprache in den Mund zu legen, mal verfällt er ins Technokratische, mal ins ungelenk Komische. Die eingestreuten Weisheiten – wer nach einer Zugfahrt ankommt, ist nicht derselbe wie bei der Abfahrt – sind häufig platt; inständig hofft man, Ram möge doch schnell wieder mit der Geschichte fortfahren.[14]

Die „Brüche in der suggerierten Mündlichkeit" kann man an mehreren Stellen beobachten. Der Erzähler gibt vor, Mündliches getreu wiederzugeben (z. B. Salims Geschichte „in his own words", S. 225). Doch Salims Erzählung bleibt steif und gleicht nicht gesprochener Sprache (vgl. z. B. S. 239 die Beschreibung des Kricketspiels). Ebenso wenig realistisch ist der Dialog mit Prakash Rao in Jimmy's Bar gestaltet (vgl. Kapitel *Hold On To your Buttons*, S. 160–170). Technokratisch, d. h. kalt und blutleer, wirken Teile der Erzählung des Kriegsveteranen (vgl. Kapitel *A Soldier's Tale*, S. 194–222) und die Ansprache des Fremdenführers am Taj Mahal (vgl. S. 278 ff.). Diese Stellen vermitteln eher den Eindruck, sie seien aus Lexikoneinträgen bei Wikipedia übernommen und weniger dem wirklichen Leben abgelauscht. Swarup berichtet von umfangreichen Recherchen, insbesondere zum Kapitel *A Soldier's Tale* „in which I had to document the India-Pakistan War of 1971" und auch zum Taj Mahal (vgl. Anhang zur Textausgabe, S. 372). Man könnte vermuten, er habe Teile der gefundenen Information seinen Protagonisten mehr oder weniger unbearbeitet in den Mund gelegt. Hinzu kommt wohl auch die Tatsache, dass Swarup in kurzer Zeit sein Manuskript zu Ende bringen wollte ("I had two months left in London before I went home [...] I thought: 'Now is the time to write the novel.'").[15]

Kritisch gesehen wird zudem das flotte Erzähltempo – und wohl auch einige humorige Einschübe: z. B. "a hole in the heart has a certain finality to it" (S. 190) oder "But if you have a smoking gun in your hand and a dead man at your feet, there is little room for misunderstanding" (S. 188). Denn dadurch entsteht eine gewisse Leichtigkeit, die angesichts der Schwere der Thematik wie Gefühllosigkeit wirkt und daher einigen Kritikern als nicht angemessen erscheint:

> *What mars* (= beeinträchtigen) *Q & A can best be described as a tonal problem. While this reader appreciated Ram's unwillingness to wallow in despair, many of the events he describes are so harrowing* (= erschütternd) *that the novel's brisk, even breezy, pace can seem disconcerting.*[16]

Was manche Leser, insbesondere westliche, für unvereinbar halten – übelste Missstände und Verbrechen werden in leichtem Ton abgehandelt –, kann man als Einstellung in einem tagtäglichen Überlebenskampf sehen, der nur so gemeistert werden kann. Als sich der 13-jährige Ram an den Verwalter Mr Ramakrishna wendet, mit der Bitte, die Nachbarsfamilie vor den gewalttätigen Ausbrüchen des alkoholisierten Ehemanns und Vaters zu schützen, erhält er die lapidare Antwort: "We Indians have this sublime ability to see the pain and misery around us, and yet remain unaffected by it." (S. 84)

Die Sprache des Icherzählers Ram ist in den jeweiligen Episoden **an** dessen **Alter und Wissensstand angepasst**.[17] So erzählt er z. B. aus der Perspektive und mit dem Verständnisvermögen eines 8-jährigen Kindes, wie Father John ein weißes Pulver aus einem Plastikpäckchen entnimmt:

He spreads the powder in a thin line on the back of his left hand. Then he does the same to the left hand of his friend. They both bend their faces to the powder and inhale deeply. The white powder seems to disappear into their noses." (S. 60)

Der Leser ahnt natürlich längst, worum es sich hier handelt, und so entsteht durch diese Schilderung der naiven Sicht auf die Realität ein **humorvoller Effekt**. Ähnliches gilt, als der junge Ram Zeitschriften mit „nice glossy covers" (S. 59) entdeckt:

They have strange titles like Gay Parade *and* Out *and* Gay Power. *But the men on their covers do not seem very happy and gay. They are all hairy and naked.* (S. 59)

Die weitere Bedeutung von *gay* ist ihm noch unbekannt. Eine ähnliche Stelle findet man in Kapitel *X Gkrz Opknu (or A Love Story)*: Als der Teenager Ram im Rotlichtviertel Agras („Red Light Area", S. 296) seine ersten sexuellen Erfahrungen zu machen beginnt, gesteht er unschuldig: "I do not understand the reference to red light on the billboard. There are no red lights on any of the houses." (S. 296) Was unter Zündung einer Atombombe oder einem Luftangriff durch Bomber zu verstehen ist, versucht er mit seinem bisherigen Erfahrungsschatz als 12-Jähriger zu begreifen und fragt die Nachbarn im Bunker (Kapitel *A Soldier's Tale*): "Will it be like Diwali?" (= indisches Lichterfest, S. 196). Diese Stellen geben der Erzählung eine gewisse **Komik**, die, so könnte man argumentieren, dem Leser die oft bedrückenden Geschehnisse erträglich machen soll *(comic relief)*. "Mingling broad humour with incisive social comment, this is an absorbing and entertaining read", so die Londoner *Times* anlässlich der Veröffentlichung der Taschenbuchausgabe.[18] Insgesamt gelingt Swarup durch diese sprachliche Gestaltung und die Art der Erzählweise eine anschauliche und packende Darstellung.

6 Filmische Mittel in *Slumdog Millionaire*

Das Medium Film besitzt natürlich seine eigene besondere Sprache. Dass bei der Umsetzung des geschriebenen Wortes in Bilder Meister ihres Fachs am Werk waren, bezeugen die Oscar-Auszeichnungen, welche der Film 2009 in Hollywood errang. Neben Drehbuchautor (Simon Beaufoy) und Regisseur (Danny Boyle) wurden auch die Verantwortlichen für Kamera (Anthony Dod Mantle), Schnitt (Chris Dickens), Ton (Ian Tapp, Richard Pryke, Resul Pookutty) und Musik (A.R. Rahman) ausgezeichnet. Ihnen war es gelungen, aus dem Roman *Q&A* einen überwältigenden Publikumserfolg zu machen. Zu den wichtigsten Stilmitteln des Films gehören **Kameraführung**, **Ton**, **Musik**, **Rückblenden** *(flashbacks)*, **Überblendungen** *(dissolves)*, **Parallelmontage** *(cross-cutting)* und **Spezialeffekte**.

In einem Interview äußerte sich Regisseur Danny Boyle ausführlich über die **Kameratechnik**, die für *Slumdog Millionaire* verwendet wurde.[19] Mit einer relativ kleinen digitalen Filmkamera, die in der Hand gehalten werden konnte, war es möglich, in den engen Gassen des Slums zu filmen, ohne großes Aufsehen zu erregen und Störungen durch interessierte Zaungäste hervorzurufen. Die Flucht der Kinder vor der Polizei (Min. 5:47–7:47) konnte so aus der **Perspektive** der Jungen in rasanter Bildfolge gezeigt werden. Der Zuschauer folgt den flüchtenden Kindern durch das wuselige Chaos des Viertels und erhält, verstärkt durch die Musik, einen lebhaften Eindruck von der Atmosphäre.

Ebenso verengen **Nahaufnahmen** *(close-ups)* von Gesichtern – oft aus schrägem Winkel von unten nach oben oder von oben nach unten aufgenommen – den Szenenausschnitt für den Zuschauer. Er erhält keinen Überblick über die Szene, sondern seine Sicht ist ganz eng auf den Gesichtsausdruck der Figur konzentriert. Dadurch wird die Gefühlslage der Person besonders deutlich gezeigt und die Intensität der Szene gesteigert. Als Beispiele können hier die Verhörszene (vgl. Min. 1:31–1:46, 1:57–2:06) gelten oder die eindringliche Befragung Salims durch Maman (vgl. Min. 29:37–30:26).

In die Fluchtsequenz (Kapitel 1) werden als Kontrast **ruhige Bilder** dazwischengeschnitten, z. B. der träge Hund am Rand der Gasse (Min. 7:07), der Friseur (Min. 7:15) und der Blick auf das Viertel aus der Vogelperspektive (Min. 7:18), zum Teil in Zeitlupe und ohne Ton. Durch diesen Wechsel zwischen geräuschvoller Hektik und Stille wird die Wirkung der wilden Jagd durch die engen Gassen noch gesteigert.

Oft ist das Bild zum Teil verdeckt von Personen oder Gegenständen, hinter denen die Kamera positioniert ist *(obstructed view)*. Vor der Villa Javeds stehend versucht Jamal einen Blick auf Latika zu erhaschen. Der Blick des Zuschauers auf das Mädchen ist durch Jamals Schulter, durch Büsche und Gitterstäbe verdeckt (vgl. Min. 1:14:18). So wird der Zuschauer zu einem heimlichen Beobachter, der quasi aus dem Verborgenen das Geschehen verfolgt. Dies gibt dem Ganzen den Anschein des Authentischen und erinnert an eine Reportage und nicht an Filmaufnahmen in einer Kulisse im Filmstudio.

Das Stilmittel der **Parallelmontage** *(cross-cutting)* wird gleich zu Beginn des Films wirkungsvoll eingesetzt (Kapitel 1). Gezeigt wird einmal Jamal im Verhör in bedrohlicher und Angst einflößender Atmosphäre und daneben sein erster leicht verunsicherter Auftritt in der Quizsendung (vgl. Min. 1:31–2:06). Die Übergänge sind hart und schneidend. Intensive **Soundeffekte** beim Schnitt von einer Szene (TV-Auftritt) in die andere (Verhör und Folterung, Kapitel 1) schrecken den Zuschauer auf und versetzen ihn in die entsprechende Stimmung. Der Wechsel zwischen parallel verlaufenden Handlungen gibt dem Film Tempo und erhöht die Spannung. Als z. B. die Ereignisse dem Höhepunkt zusteuern, werden drei gleichzeitig ablaufende Handlungen gezeigt: Jamal kehrt in die Quizshow zurück, Salim erwartet seine Killer und Latika versucht sich durch den Stau zu kämpfen (vgl. Min. 1:35:06–1:44:00).

Wie der Roman so verwendet auch der Film zahlreiche **Rückblenden** *(flashbacks)*, um vergangene Geschehnisse zu erzählen. Als Jamal z. B. in der Quizsendung gefragt wird, was Gott Rama in der rechten Hand hält, steigt die Erinnerung an seine Mutter und deren gewaltsamen Tod in ihm auf (Kapitel 3). Nach der Rückblende sagt er, wieder in der Gegenwart, jeden Morgen wünsche er sich, er würde die Antwort auf diese Frage nicht wissen. Als die Brüder zum ersten Mal wieder zusammentreffen und Jamal Salim vorwirft, für den Gangster Javed zu arbeiten (Kapitel 8), wird kurz zurückgeblendet auf eine Anfangsszene des Films während der Verfolgungsjagd durch den Slum.

In einer **Überblendung** *(dissolve)* im Stile des Bollywood-Kinos, in dem wundersame Wendungen an der Tagesordnung sind, werden Jamal und Salim beim Sprung vom Zug von Kindern zu Teenagern (Kapitel 5, Min. 38:55). Um sieben Jahre gealtert, landen sie in Agra.

Ein wichtiges Mittel, das im Film eine große Rolle spielt, wenn es darum geht, den Zuschauer in die Atmosphäre einzustimmen, ist die **Musik**. Die Bedrohlichkeit bestimmter Situationen wie z. B. das Eindringen der wilden Horde Hindus ins Slumviertel (Kapitel 3) wird durch musikalische Effekte (Trommeln, sphärische Klänge) verstärkt.

Musik wird auch eingesetzt, um die Gefühle der Charaktere zu unterstreichen. Die Musik in *Slumdog Millionaire* wurde von Oscargewinner A. R. Rahman, dessen Kompositionen zu Welthits wurden, gestaltet. Das sehnsuchtsvolle „Latika's Theme" ist das **Leitmotiv**, das zu hören ist, wenn es um die Liebe zwischen Latika und Jamal geht, z. B. als sie bei Jamals und Salims Flucht vor Maman getrennt werden oder bei ihrem Wiedersehen in Javeds Villa. Der kraftvolle Titel „O … Saya" untermalt das

Kricketspiel der Kinder und die Verfolgungsjagd durch die Polizei im Slum. M.I.A.s Hip-Hop-Song „Paper Planes“ wird als musikalische Untermalung für die Fahrt der Brüder auf den Zügen eingesetzt. Der stampfende und aggressive Rhythmus (Schüsse, das Klingeln einer Registrierkasse) und einzelne Textpassagen („sitting on trains“, „take your money“) passen zum listenreichen Überlebenskampf von Jamal und Salim im und auf dem Zug. Die sphärischen Klänge am Schluss des Songs untermalen ihren fantastischen Übergang in ein neues Lebensalter und ihre Landung in Agra.

Die Melodie von „Ringa Ringa“ begleitet Jamal und Salim bei ihrer Suche nach Latika im Rotlichtviertel von Agra und hebt die Atmosphäre des bunten Treibens und Gewimmels hervor.

Der schwungvolle und mitreißende Hit „Jai Ho“ (Hindi für „be victorious“; mit einem Oscar für den besten Song ausgezeichnet) ist die Grundlage für die Tanzszene am Ende des Films und markiert durch seinen treibenden Rhythmus und die eingängige Melodie das positive Ende des Kampfes gegen das Böse, das Happy End für den Underdog, der aus dem Slum kam.

7 Symbolik in Roman und Film

Sowohl im Roman als auch im Film werden einige Personen oder Dinge als bildhafte Zeichen verwendet, d. h. als Symbole, die auf eine tiefere Bedeutung verweisen.

Die **Frau im weißen Sari**, das Bild, das Ram von seiner leiblichen Mutter hat, symbolisiert den Verlust der Mutter und weckt traurige Erinnerungen (vgl. Kapitel „Struktur und Erzählperspektive", S. 53).

Das „**flashing red light**" des Polizeiautos steht für Angst und Verfolgung (vgl. Kapitel „Struktur", S. 53).

Ram benutzt eine **Münze** *(one-rupee coin)*, wenn es darum geht, eine Entscheidung zu treffen oder Hilfe anzubieten (vgl. S. 314). Was Ram weiß, der Leser aber erst am Schluss des Romans erfährt, ist, dass die Münze auf beiden Seiten dieselbe Abbildung zeigt. Das bedeutet: Hilfe vonseiten einer höheren Macht ist nicht zu erwarten. Man muss die Wahl selbst treffen. Insofern könnte die Münze darauf verweisen, dass der Mensch auf sich selbst gestellt ist. Jeder ist seines Glückes Schmied. Am Schluss wirft Ram die Münze weg, denn er weiß: "I don't need it any more. Because luck comes from within." (S. 361)

Im Film steht der **1 000-Rupien-Schein** (z. B. angesprochen in der Verhörszene, Min. 46:38) für äußerlichen weltlichen Besitz, der so wichtig ist für Salim und dessen Lockungen er nicht widerstehen kann. Das Bild der Geldscheine, mit denen Salim die Badewanne füllt, in der er sterben wird, ist bereits zu Beginn des Films zu sehen (Min. 00:49, 00:58).

Der ideelle Wert der Freundschaft wird durch das Bild von den **drei Musketieren** veranschaulicht (vgl. S. 46 ff.).

8 Zentrale Themen und Motive

8.1 Übersicht

Der Roman *Q & A* bietet zahlreiche Themen und Motive. Bei der Umarbeitung der Vorlage zum Film sind einige übernommen worden, andere ganz entfallen. In der Übersicht sind Themen, die in Roman und Film vorkommen, **fett** gedruckt, Themen, die nur im Film aufgegriffen werden sind unterstrichen, *kursiv* gedruckte Aspekte spielen nur im Roman eine Rolle.

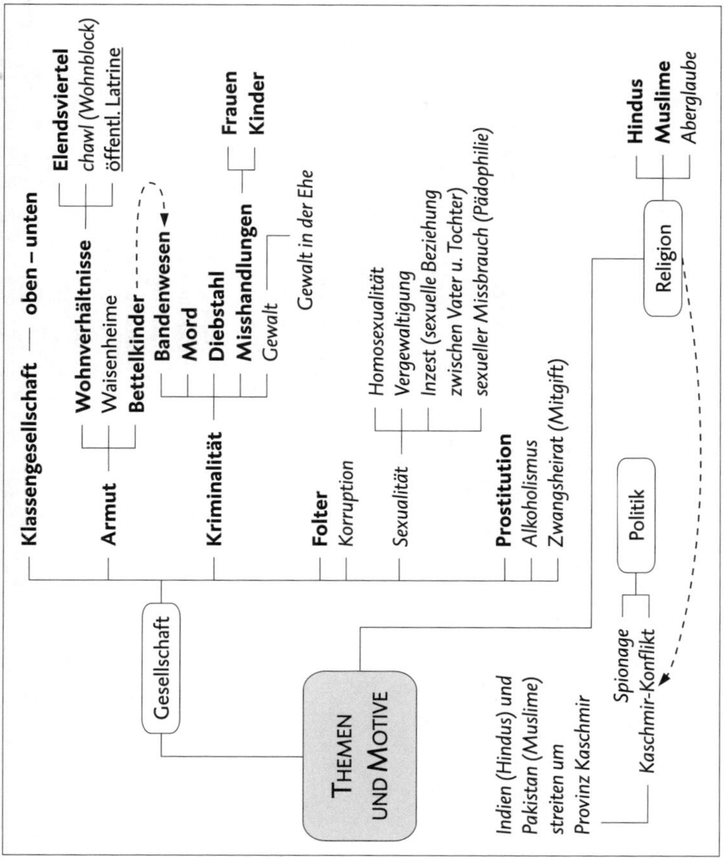

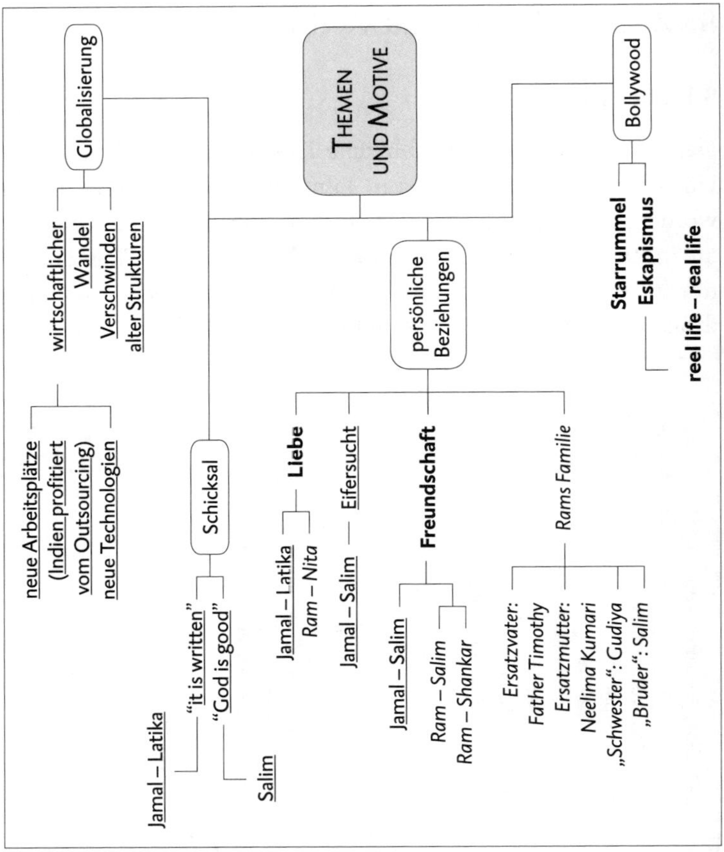
Themen und Motive
Globalisierung
wirtschaftlicher Wandel
Verschwinden alter Strukturen
neue Arbeitsplätze (Indien profitiert vom Outsourcing)
neue Technologien
Schicksal
“it is written”
“God is good”
Jamal – Latika
Salim
persönliche Beziehungen
Liebe
Jamal – Latika
Ram – Nita
Eifersucht
Jamal – Salim
Freundschaft
Jamal – Salim
Ram – Salim
Ram – Shankar
Rams Familie
Ersatzvater: Father Timothy
Ersatzmutter: Neelima Kumari
„Schwester“: Gudiya
„Bruder“: Salim
Bollywood
Starrummel
Eskapismus
reel life – real life

8.2 Soziale und wirtschaftliche Bedingungen

Schauplatz Indien – Agra und Mumbai

In *Q & A* und *Slumdog Millionaire* spielt Indien als Handlungsort eine zentrale Rolle. Dieser **exotische Schauplatz** ist ein wesentlicher Faktor, der zur Popularität sowohl des Buches als auch des Filmes beim westlichen Publikum beigetragen hat. Mit seiner ungeheuren Vielfalt, seiner religiösen Tradition und Kultur hat Indien zu allen Zeiten eine besondere Faszination auf westliche Besucher ausgeübt. In den 60er- und 70er-Jahren des letzten Jahrhunderts pilgerten Hippies, Aussteiger und Konsumverweigerer auf der Suche nach dem Sinn des Lebens auf den indischen Subkontinent. Doch anstatt in den Stand der Erleuchtung zu gelangen, verloren sich nicht wenige in den Abgründen von Drogen und Krankheiten. Die Handlungsorte Agra und Mumbai sind für Roman und Film thematisch bedeutsam, weil sie eine Nahtstelle sind, an der Reichtum und Armut unmittelbar aufeinanderstoßen. Hier werden Klassengegensätze und gesellschaftliche Probleme besonders deutlich.

Agra und Mumbai gehören heute zu den Lieblingszielen westlicher Touristen. Die Faszination des weltberühmten Mausoleums Taj Mahal, das der Großmogul Shah Jahan für seine 1631 verstorbene Lieblingsfrau Mumtaz Mahal errichten ließ, bringt

Besucher aus aller Welt nach Agra. Dort verdingen sich Jamal und Salim (im Film) bzw. Ram (im Roman) als inoffizielle Fremdenführer und können sich aufgrund ihrer Gerissenheit erfolgreich durchschlagen. Zugleich decken sie mit ihrer Schlitzohrigkeit die **Einfalt und Ignoranz der Touristen** gegenüber der indischen Kultur und Gesellschaft auf. Insbesondere im Film wird der **Voyeurismus** der amerikanischen Besucher deutlich, die sich an den größten Waschplatz Indiens führen lassen, wo die Ärmsten der Armen im Fluss ihre Wäsche waschen (vgl. Min. 42:45).

Der größte Teil der Handlung spielt jedoch in Indiens Boomtown **Mumbai**, früher Bombay, einem Moloch mit knapp 14 Millionen Einwohnern und damit die größte Stadt Indiens und die zweitgrößte weltweit (nach Shanghai). 1995 wurde Bombay in Mumbai umbenannt, um den vermeintlich ursprünglichen Namen wiederherzustellen und die Erinnerung an die koloniale Besatzung Indiens zu tilgen. Eine Unsinnigkeit, wie der Kenner Mumbais, Suketu Mehta, feststellt:

And there was no good reason to change the name of Bombay. It is nonsense to say that Mumbai was the original name. Bombay was created by the Portuguese and the British from a cluster of malarial islands, and to them should go the baptismal rights.[20]

Für Regisseur Danny Boyle wurde Mehtas Buch zur Hauptinformationsquelle über Bombay: "I took it with me everywhere. I felt part of the time we were adapting that."[21] Um die Atmosphäre dieser Megacity authentisch einzufangen, nahm die Filmcrew auch das Abenteuer auf sich, zahlreiche Szenen statt im Studio direkt vor Ort zu drehen, umgeben von Hunderten von Schaulustigen. Nur so konnte deutlich werden, unter welchen Bedingungen die Hauptfiguren ums Überleben kämpfen.

Armut und Elend am Rande der Gesellschaft

Jamal, Salim, Latika bzw. Ram, Salim und Nita stehen als Waisen und Straßenkinder bzw. als Prostituierte außerhalb der Gesellschaft, d. h. außerhalb der Gruppen, der sogenannten Kasten, in welche die indische Gesellschaft traditionell gegliedert ist. Das **Kastensystem** ist seit alters die Grundlage der gesellschaftlichen Ordnung in Indien und umfasst vier Hauptkasten (Varna) sowie zahlreiche Nebenkasten. An der Spitze steht die Gruppe der Brahmanen, gefolgt von den Kshatriyas, Vaishyas und Shudras.[22] Ursprünglich war die Trennung zwischen oberen und unteren Kasten sehr strikt und insbesondere Eheschließungen über die Kastenschranken hinweg undenkbar. In den Fabriken und Büros des modernen Indien sind die Abgrenzungen weniger streng, während sie im ländlichen Raum immer noch eingehalten werden.

Außerhalb der Kasten steht die große Gruppe der **„Unberührbaren“**, auch *Paria* oder *Dalits* (so bezeichnen sie sich selbst) genannt, die ungefähr 15 % der Bevölkerung ausmachen. Mahatma Gandhi nannte sie *Harijans* („Kinder Gottes“) und setzte sich für ihre Emanzipation ein. Kocheril Raman Narayanan war der erste Unberührbare, der 1997 Präsident Indiens wurde. Obwohl die Angehörigen dieser untersten Gesellschaftsgruppe formal und legal gleichberechtigt sind, müssen sie in der Realität doch oft zurückstecken, werden ausgebeutet und herumgestoßen. Ihnen fallen die Arbeiten zu, die niemand sonst verrichten möchte, wie z. B. die Reinigung von Toiletten und die Müllabfuhr. Die Unberührbaren ergeben sich klaglos in ihr Schicksal und nehmen ihre gesellschaftliche Ausgrenzung, Missachtung und Benachteiligung hin.

In *Q&A* fallen die beiden Waisen Ram (nach dem Verlust seines Zuhauses bei Father Timothy) und Salim (nach der Auslöschung seiner Familie) in diese Gruppe der Rechtlosen. Fortan finden sie sich in der untersten Klasse der Gesellschaft wieder.

Jeglicher Rechte beraubt, werden sie herumgestoßen, misshandelt und gedemütigt (vgl. die Behandlung im *Juvenile Home* in Delhi, bei der Polizei, während der Quizshow). Ihr Leben ist einzig und allein gekennzeichnet vom Kampf ums Überleben in Schmutz und Elend (vgl. die entwürdigenden Lebensumstände im *chawl*, S. 82, und im Slumviertel Dharavi, S. 156). Zu ihrer Realität gehört harte Arbeit, die in westlichen Ländern Kindern nicht zugemutet würde. Doch die Ärmsten der Armen bleiben schutzlos und rechtlos. Erst Smitas Eingreifen setzt Rams Machtlosigkeit und dem Ausgeliefertsein ein Ende. Auch Nita, die als Prostituierte arbeiten muss, gehört zur Gruppe der Unberührbaren.

Im Film *Slumdog Millionaire* erleiden Jamal und Salim (nach dem gewaltsamen Tod ihrer Mutter) und Latika dasselbe Schicksal. Auch sie sind wehrlos und haben keinerlei Rechte. So sind sie dem Gangster Maman ausgeliefert, werden ausgebeutet (als Bettler, Latika als Tänzerin), geschlagen (Jamal in Agra, beim Verhör durch die Polizei) und beleidigt (beim Verhör und in der Quizshow). Die Tatsache, dass sie der niedrigsten Gesellschaftsklasse angehören, macht sie zu hilflosen Opfern. Sie haben ihre Träume (Ram: „a red Ferrari and a beautiful bride“, S. 181 – Jamal: „[...] on Harbour Road. You, me and Salim. The three musketeers“, Min. 30:46), doch die zerbrechen an der rauen Wirklichkeit. Umso strahlender erscheint am Ende Rams/Jamals Triumph, der sich aufgrund seiner Ausdauer, seines Anstands und seiner Ehrlichkeit, die er sich trotz aller widrigen Umstände bewahrt, einstellt. Die ganze Nation fiebert mit dem Underdog mit – ähnlich im Film *The Truman Show*, wo ein Millionenpublikum vor den Fernsehgeräten dem Protagonisten die Daumen drückt.[23]

Prostitution und Gewalt gegen Frauen

Die gesellschaftliche Diskriminierung von Frauen und Mädchen greifen Roman und Film mit den Themen **Prostitution** (Nita) und **Gewalt gegen Frauen** (Gudiya, Neelima, Nita) auf. Besonders drastisch zeigt Vikas Swarup in *Q&A* diese Missstände.

Traditionell werden Ehen in Indien zwischen den Familien der künftigen Eheleute vereinbart *(arranged marriages)*, da es weniger um die Liebe zwischen zwei Personen geht, als um die Verbindung zweier Sippen. Ein Charakteristikum dieser arrangierten Ehen ist die Zahlung von Geld oder Gütern an die Familie des Ehemanns durch die Eltern der Braut. Diese Bereitstellung einer **Mitgift** *(dowry)* brachte insbesondere weniger betuchte Eltern in größte Bedrängnis und führte oft zu gewalttätigen Auseinandersetzungen über die Höhe der Zahlungen. Die Geburt eines Mädchens war daher in vielen Familien kein Anlass zur Freude. Nitas Stamm der Bedia bildet hier eine Ausnahme (vgl. S. 305). 1961 wurde die Tradition der Mitgift offiziell abgeschafft und verboten, in der Praxis aber lebt sie weiter. So wird in *Q&A* das Dienstmädchen Lajwanti zur Diebin, weil sie die Mitgift für ihre Schwester Lakshmi zusammenbringen und die aufwendige Hochzeit finanzieren will (vgl. S. 309).

Die gesellschaftliche Konvention ist es auch, welche Nita in die Prostitution zwingt:

> *In her community, it is the tradition for one girl from each family to serve as a communal prostitute, called the* Bedni. *This girl earns money for her family, while the males spend their time drinking alcohol and playing cards.* (S. 305)

Da sie die hübscheste der Töchter ist, wird sie mit 12 in ein Bordell geschickt, ihr Bruder fungiert als ihr Zuhälter. Im Film versucht Maman die Befreiung Latikas durch Jamal und Salim zu verhindern, da sie für ihn seine „Haupteinnahmequelle“ darstellt (vgl. Min. 53:48).

Nitas trauriges Schicksal rührt Ram zu Tränen, und er will sie wie ein mutiger Ritter von ihrem Los befreien – ganz so, wie er es in den Bollywood-Filmen gesehen hat. Zum Beschützer wird er auch im Kapitel *A Brother's Promise* (S. 68 ff.), wo er die Nachbarstochter Gudiya und deren Mutter vor den Gewaltausbrüchen des Vaters bzw. Ehemanns bewahrt.

Gewalt gegen Frauen ist aber nicht nur auf die Unterschicht beschränkt, denn auch Neelima Kumari, der Bollywood-Star, wird körperlich misshandelt: "She has bruises all over her face and a black eye." (S. 259) Wie sich später herausstellt, stammen sie von ihrem Liebhaber, dem Moderator Prem Kumar, der auch Nita in ähnlicher Weise misshandelt.

Klassengegensätze

In der 14-Millionen-Metropole Mumbai werden die Klassengegensätze besonders augenfällig. In Mumbais schickstem Hotel kostet eine Flasche Champagner das Eineinhalbfache eines durchschnittlichen Jahresverdiensts:

> *In the Bayview Bar of the Oberoi Hotel you can order a bottle of Dom Perignon for one and a half times the average annual income; this in a city where 40 percent of the houses lack safe drinking water.*[24]

Was Suketu Mehta über das Leben der Reichen in Mumbai schreibt, gilt auch für Agra: "the rich of Agra are no different from the rich of Delhi and Mumbai", sagt Ram (S. 275). Im 5-Sterne-Hotel in Agra liest er die Speisekarte:

> *I take a look at the menu and almost choke on seeing the prices. A plate of butter chicken costs six hundred rupees! At the roadside stall near the outhouse I can buy the same thing for a mere fifty-five rupees.* (S. 295)

Im **Finanz- und Wirtschaftszentrum** Mumbai häufen Unternehmer und Geschäftsleute unermesslichen Reichtum an, der ihnen ein Leben im Überfluss ermöglicht. In *Slumdog Millio-*

naire durchwühlen die Kinder auf einer Müllkippe in Mumbai den Abfall dieser Wohlstandsgesellschaft (vgl. Min. 22:08–22:48). Ohne Trinkwasser und einfachste sanitäre Einrichtungen vegetieren Hunderttausende Arme in **Dharavi**, dem größten Slum Asiens, der sich im Zentrum Mumbais, einem Krebsgeschwür gleich, ausbreitet (vgl. S. 12, 156). Ram beschreibt Dharavi als ein „urban wasteland, where we live like animals and die like insects“ (S. 156).

Slumviertel Dharavi vor der Kulisse der Hochhäuser des Finanzzentrums Mumbai

Das direkte **Nebeneinander von enormem Reichtum** und **bitterster Not** in der indischen Gesellschaft zeigt der Film gleich zu Beginn. Die Start- und Landebahn für die Privatjets der Reichen und der Bollywood-Stars befindet sich in unmittelbarer Nachbarschaft armseliger Hüttenbehausungen, in denen es keine Toiletten gibt, sodass die Bewohner gezwungen sind, ihre Notdurft in öffentlichen Latrinen zu verrichten. Besonders eindrucksvolle Bilder liefert der Film, als Filmstar Amitabh Bachchan mit seinem Helikopter über das Elendsviertel fliegt, in dem Salim und Jamal leben. Um sein Idol zu treffen, muss Jamal in die Latrine springen und steht schließlich völlig verdreckt vor ihm. Im Roman entsteigt der Filmstar seinem Mercedes-Benz (S. 34), umjubelt von seinen Anhängern, unter ihnen der bettelarme *dabbawallah* Salim.

Negative Folgen der Globalisierung

Am Beispiel Mumbais stellt der Film einen besonderen Aspekt heraus, nämlich dass Indien nicht mehr das Land der märchenhaften Maharadschas ist, sondern im Zeitalter der Globalisierung einen tiefgreifenden Wandel durchmacht. Das nahezu undurchschaubare Kastensystem kollidiert mit dem Raubtierkapitalismus. In zynischer Kürze beschreibt der Erzähler in Aravind Adigas Indien-Roman *The White Tiger* die Veränderung:

> *[...] in the old days there were one thousand castes and destinies in India. These days, there are just two castes: Men with Big Bellies, and Men with Small Bellies. And only two destinies: eat or get eaten up.*[25]

Als sich Jamal und Salim nach Jahren wiedertreffen – Jamal arbeitet in einem Callcenter, Salim steht in Diensten des Gangsters Javed –, sehen sie vom Neubau eines Hochhauses herab auf den Ort, der vor Jahren ihr altes Wohnviertel war. Die einstigen ärmlichen Behausungen sind verschwunden und moderne Hochhäuser, die Symbole einer neuen Welt, an ihre Stelle gerückt. (Salim: "That used to be our slum. [...] Now it's all business. India is at the centre of the world.", Min. 1:10:50) "Bombay had turned into Mumbai", sagt Jamal beim Verhör zum Inspektor, als er erklärt, warum er die Frage nach der 100-Dollar-Note beantworten konnte (Min. 47:26).

Indien profitiert vom **Outsourcing**, der Auslagerung von Arbeiten und Dienstleistungen, das Firmen in den westlichen Industrieländern seit den 1990er-Jahren praktizieren, weil die Arbeitskosten in Indien wesentlich niedriger sind. Callcenter wie das, in dem Jamal arbeitet, sind häufig in Indien ansässig und sind für Kunden in Europa oder den USA zuständig. Im Film führt

Jamal einen irrwitzigen Dialog mit einer genervten Anruferin aus dem schottischen Kingussie, in dem die negativen Auswirkungen des Outsourcing satirisch dargestellt werden (vgl. Min. 1:05:18). Jamal kann den schottischen Ortsnamen nicht richtig aussprechen und versucht etwas hilflos die Informationen, die man den Angestellten über Schottland bzw. Großbritannien beigebracht hat, anzuwenden, um die Kundin milde zu stimmen.

Der beispiellose wirtschaftliche Aufschwung Mumbais fegte die Wellblechhütten hinweg und mit ihnen auch die alten Strukturen. Infolge der Globalisierung ist der Graben zwischen Arm und Reich noch tiefer und unüberbrückbarer geworden. Die Armen wurden vertrieben und waren gezwungen, sich eine neue Zuflucht zu suchen. Wer, wie die elternlosen Kinder im Film und im Roman, gar nichts hat, ist schutzlos ausgeliefert: "There is no space to hide your head in this vast city. You need to have connections even to sleep in a sewage pipe. And you need protection from the other gangs." (So Moolay, einer der Jungen in Mamans Bettlercamp, zu Ram und Salim, S. 112). Für die Habenichtse, so lockt der kriminelle Maman den jungen Salim, sei Aufstieg aus dem Elend und der Weg nach oben nur mit illegalen und gewaltsamen Methoden möglich (vgl. Min. 29:56).

Wie purer Hohn wirkt dagegen die Kinowerbung, die Ram und Salim suggeriert, der Weg zu Glück und Anerkennung, zum erfolgreichen Kricketspieler, Rennfahrer und Frauenhelden, führe über den Konsum, über Cornflakes und das richtige Rasierwasser (S. 32/33).

Indien und Armut als Folie

Vikas Swarups Geschichten von Mord, homosexuellen Priestern, Pädophilie, Prostitution und Kindesverstümmelung zeichnen ein Bild von Indien, mit dem insbesondere indische Leser und Zuschauer sich nicht identifizieren wollten und es als zu einseitig und zu negativ ansahen (vgl. Kapitel „Rezeption“, S. 109).

Swarup war sich bewusst, dass seine Darstellung auf Kritik stoßen würde[26], und erläutert, welche Funktion die drastische Schilderung des Elends hat:

Es ist ja nun keine Abhandlung über indische Slums. Ich wollte einen Roman über eine Quizshow und einen Kandidaten schreiben, der als der ultimative Underdog gesehen wird. Mit einem Kandidaten mit Doktortitel aus der Mittelschicht hätte die Geschichte nicht funktioniert. Und anders als im Film lebt der Protagonist, Ram Mohammad Thomas, wie er im Buch heißt, nur im letzten Teil des Buchs im Slum. Und trotz der bescheidenen Verhältnisse, aus denen Ram kommt, nimmt er alle Hürden, die ihm in der Geschichte auferlegt werden. Ein Triumph des menschlichen Geistes, was ist also falsch daran?[27]

Er sieht also die negativ gezeichnete Wirklichkeit als notwendige Folie an, als Hintergrund, vor dem sich Ausdauer und Überlebenswille seiner Hauptfigur noch stärker abheben. Der märchenhafte Aufstieg des Underdogs, der allen Widerständen trotzt, wird durch die erbärmlichen Umstände noch eindrucksvoller. Auch in Danny Boyles Verfilmung wird dieser Aspekt deutlich und Kritiker sehen darin einen Grund für den Erfolg beim Publikum:

[...] die unüberbrückbaren Gegensätze zwischen den Sphären der Slumbewohner und der Multimillionäre verleihen der Geschichte jenen märchenhaften Drive, der Slumdog Millionär *bei den Oscars an all den ausgetüftelten und von ihrer Bedeutung überzeugten Hollywood-Filmen vorbeikatapultierte.*[28]

8.3 Religion und Politik

Religion

Eine der eindrucksvollsten und gleichzeitig bedrückendsten Episoden, in denen das Thema Religion aufgegriffen wird, ist der Überfall extremistischer gewalttätiger **Hindus** auf **Muslime**. In *Slumdog Millionaire* verlieren Jamal und Salim ihre Mutter und ihr Zuhause, während in *Q&A* dieses Schicksal den jungen Muslim Salim alleine trifft. Er berichtet Ram, den er im Waisenhaus in Delhi kennenlernt, wie seine Familie durch radikale Hindus getötet wurde (vgl. S. 95). Insgesamt nimmt das Thema Religion in Vikas Swarups Roman einen größeren Raum ein als in der Verfilmung. So ist z. B. ein ganzes Kapitel (*The Burden of a Priest*, S. 48 ff.) den **Auswüchsen und Fehlleitungen in der christlichen Kirche** gewidmet, ein anderes dem **Voodoo-Kult** (*Hold On To Your Buttons*, S. 153 ff.).

In mehreren Episoden wird der Grundton durch die **Feindseligkeiten zwischen** den beiden größten **Religionsgruppen** Indiens bestimmt. Heute sind ungefähr 80 Prozent der Bevölkerung Hindus, 14 Prozent Muslime, 2,5 Prozent Christen und 2 Prozent Sikhs. Über Jahrhunderte hatten die Angehörigen der unterschiedlichsten Religionsgruppen größtenteils friedlich nebeneinander gelebt, doch seit Anfang des 20. Jahrhunderts traten Rivalitäten zunehmend in den Vordergrund. Insbesondere die Muslime sahen sich diskriminiert und ihr Bestreben nach Selbstständigkeit führte 1948 schließlich zur Teilung Indiens, nicht aber zum Ende des religiös motivierten Machtkonflikts (vgl. „Kaschmirkonflikt“, S. 90 f.). In *Q&A* sieht sich Salim mit religiöser **Verfolgung** und **Diskriminierung** konfrontiert. Mit knapper Not entkommt er z. B. einem Mob von Hindus, die Jagd auf Muslime machen (S. 228 ff.). Aufgrund seiner Religionszugehörigkeit erhält er keine Anstellung im Haushalt der Hindu Neelima Kumari, deren Mutter keinen Moslem im Haus haben möchte (vgl. S. 245). Bei seiner Tätigkeit als Essenslieferant muss Salim streng darauf achten, ob der Essensempfänger Hindu oder Muslim ist: "He dare not hand over a container with beef to a Hindu, or one with pork to a Muslim." (S. 74)

Die Hauptfigur von Swarups Roman verdankt ihren **Namen „Ram Mohammad Thomas"** weniger religiöser Toleranz, als vielmehr schlauer Absicherung nach allen Seiten. Um Problemen mit den Hindus und Moslems in seiner Gemeinde zu entgehen, schlägt Father Timothy diesen Namen für den Waisenknaben vor, der ursprünglich Joseph Michael Thomas heißen sollte:

> *Look, if it takes a name change to get the mob off my back, I will do it. How about if I accept both your suggestions and change the boy's name to Ram Mohammad Thomas? That should satisfy everyone.* (S. 52/53)

Ironisch merkt der Erzähler Ram im Rückblick an, dass er noch Glück gehabt habe, dass nicht auch noch die Sikhs Father Timothy bedrängt hätten. Sonst hätte er noch einen weiteren, den Sikhs gefälligen Namen erhalten.

Swarup war der symbolische Gehalt des Namens Ram Mohammad Thomas besonders wichtig:

> *In a time of ethnic and religious conflict, Ram's name stands for tolerance and harmony [...] He is very Indian and he combines the microcosm of India in his name.*[29]

Rams Name weckt auch das Interesse des Quizmasters Prem Kumar, der Ram nach seinem Glauben fragt. Ram erklärt seine religiöse Offenheit und Toleranz, indem er antwortet, er glaube an die Lehren des indischen Mystikers Kabir:

> *Does one have to go to a temple or a church or a mosque to pray? I believe in what Kabir says. Hari is in the East, Allah is in the West. Look within your heart, and there you will find both Ram and Karim.* (S. 67)

Als Rams Freund Shankar todkrank ist, betet Ram zum ersten Mal seit Langem wieder und sucht in seiner Verzweiflung bei allen verfügbaren Gottheiten Hilfe (S. 324).

Schicksal – „It is written"

Das Thema Schicksal spielt in *Slumdog Millionaire* eine bedeutende Rolle. Zum ersten Mal spricht der Kinderhändler Maman von „destiny", als er Salim versichert: "Your destiny is in your hands, brother." (Min. 30:10) Salim nimmt es in die Hand, indem er mit Jamal aus dem Camp flieht. Ein weiterer zwielichtiger Charakter des Films, der Quizmaster Prem Kumar, spricht vom Schicksal, diesmal ist Jamal gemeint: "From rags to Raja *(= Hindi: König, Fürst)*. It's your destiny." (Min. 1:25:30) Damit hat er nicht ganz unrecht, denn die Gewissheit, einem Schicksal ausgeliefert zu sein und ihm zu folgen, es anzunehmen, ist eine wesentliche Triebfeder Jamals bei seiner unermüdlichen Suche nach Latika. Zwar fühlt er sich ihr verpflichtet, weil er und Salim das Mädchen im Stich ließen – zu Arvind sagt er: "I owe Latika." (Min. 50:57) Doch darüber hinaus folgt er einer höheren Macht und ist sich gewiss: "I knew I would find you in the end. It's our destiny." (Min. 59:30) Sie beide gehören zusammen, sind für einander bestimmt, denn, so versichert er seiner Liebe in der Schlussszene: "This is our destiny." (Min. 1:47:37)

In diesem Zusammenhang ist auch die Wendung "It is written" (= Es steht geschrieben) zu erwähnen. In der Bibel besagt diese Wendung, dass sich das Leben nach dem geschriebenen Wort, d. h. nach dem Willen Gottes erfüllt. Ganz am Anfang des Films wird diese Formel "It is written" eingeführt und weist darauf hin, dass das dargestellte Geschehen durch eine höhere Macht vorbestimmt ist. Auf der Leinwand erscheint die Frage "Jamal Malik is one question away from winning 20 million rupees. How did he do it?" Als Alternativantworten werden angeboten: "A. He cheated. B. He's lucky. C. He's a genius. D. It is written." (Min. 00:49) Am Ende des Films wird die richtige Antwort eingeblendet: "D. It is written." (Min. 1:47:52) Das ist die Bestätigung, dass Verlauf und Ausgang des Geschehens einer Bestimmung folgten. Im Film wird diese Wendung an verschiedenenen Stellen und von unterschiedlichen Charakteren verwendet. Prem Kumar muntert Jamal in der Pause im Waschraum auf "Maybe it's written my friend. [...] You gonna win" (Min. 1:24:40). Die Mitteilung ist doppeldeutig, denn er könnte damit Jamals Schicksal meinen und/oder auf die Antwort auf eine Quizfrage hindeuten, d. h. den Lösungsbuchstaben B, den er auf den Spiegel geschrieben hat (Min. 1:24:08). Doch Jamal fällt auf diesen falschen Tipp nicht herein. Prem Kumar kann dem vorgeschriebenen Verlauf keine Richtungsänderung geben, denn Jamal folgt dem falschen Wink des Schicksals nicht. Er tappt nicht in die Falle, sondern lässt Prem wissen, dass er auf die Vorsehung vertraut. Auf die Frage vor der letzten Aufgabe, ob er bereit sei, antwortet Jamal schlagfertig: "No, but maybe it's written." (Min. 1:29:15)

Geld

Das Motiv Geld spielt im Roman und im Film eine unterschiedliche Rolle. Zwar geht es in beiden Quizshows um eine gewaltige Summe Preisgeld, aber die Hauptpersonen Ram bzw. Jamal und Salim haben ein jeweils anderes Verhältnis zu Geld.

Für **Ram** ist Geld von **geringer Bedeutung**. Für ihn geht es zunächst allein ums tägliche Überleben. Zu Geld kommt er erst bei seiner Anstellung beim australischen Diplomaten Colonel Taylor. Dort legt er seinen Lohn zurück, verliert die ganze Summe dann aber bei einem Raubüberfall im Zug. Den Verlust nimmt er nur kurz zur Kenntnis, da es Wichtigeres gibt: Er muss um sein Leben rennen. Geld wird erst relevant, als Ram erfährt, dass er Nita mit Geld aus der Prostitution freikaufen kann. Er stiehlt die nötige Summe, gibt sie aber aus Mitleid weiter an einen Bedürftigen, als er merkt, dass der Betrag nicht ausreicht, um Nita auszulösen. Ram bewirbt sich als Kandidat bei *Who Will Win A Billion?*, nicht um das Geld zu gewinnen, sondern um Rache an Prem Kumar, dem Peiniger von Neelima und Nita, zu nehmen (vgl. S. 348).

Jamal hat ein ähnlich **entspanntes Verhältnis zu Geld** wie Ram. Auch er geht nicht in die Quizshow wegen des Preisgelds. Er will Aufmerksamkeit erregen und dadurch den Kontakt mit Latika wieder herstellen. Zwar träumt Jamal als Kind vom großen Geld (vgl. Min. 30:40) und fordert auch frech eine Spende von Maman, als er ihm vorsingen soll (vgl. Min. 32:15), aber sein Interesse an Besitz ist nicht von Dauer, sondern wird völlig überlagert von der Sehnsucht nach Latika. Der ideelle Wert der Liebe ist ihm wichtiger als materieller Wohlstand.

Im Unterschied zu Jamal und Ram entwickelt **Salim** im Film ein **starkes materielles Interesse**. Schon zu Beginn seiner Gangsterkarriere bedroht er Maman mit der Waffe und fordert dessen Barschaft: „Money." (Min. 54:33) Salim definiert Aufstieg und Erfolg an der Menge des Geldes, das er anhäuft. Am Ende kann er eine ganze Badewanne mit 1 000-Rupien-Scheinen füllen. Es scheint, als habe Salim sein Ziel erreicht, doch er sieht, dass Jamal die bessere Lebensentscheidung getroffen hat. Er geht den letzten Schritt, der seinem Leben noch einen Sinn geben wird: Er hilft Jamal und Latika zusammenzukommen und opfert dafür sein Leben.

Insgesamt gesehen nimmt das Motiv Geld in *Slumdog Millionaire* einen breiteren Raum ein als in *Q&A*. Bei den Bettelkindern, im Zug, in Agra – stets steht der Gelderwerb, meist illegal, im Vordergrund. Mehrere Verweise auf Geld, wie z. B. den 1 000-Rupien-Schein (beim Verhör, in der Badewanne), die 100-Dollar-Note, die Alternativantwort im Quiz ("Money alone triumphs", Min. 14:12) oder Prem Kumars Kommentare zu Jamals Verdienst als *chai wallah* signalisieren, dass für die Menschen in *Slumdog Millionaire* Geld eine zentrale Rolle spielt. Am Ende siegt aber nicht das Geld, sondern die Liebe.

Kaschmirkonflikt

Der Kaschmirkonflikt ist der Hintergrund des Kapitels *A Soldier's Tale* (S. 194 ff.) in *Q & A*. Im Film spielt er keine Rolle.

Im November 2008 verübten Terroristen an etwa zehn verschiedenen Orten in **Mumbai** blutige **Anschläge**, bei denen 173 Menschen ums Leben kamen. Die Attentäter kamen aus Pakistan, wo nach Meinung der indischen Regierung islamistische Extremisten stets Unterstützung fänden. Dieser Anschlag stellte einen weiteren blutigen Höhepunkt in den von Gewalt begleiteten Auseinandersetzungen dieser beiden Staaten dar.

Die Gründung des Staates Pakistan geht auf die **Feindseligkeiten zwischen Hindus und Muslimen** in Indien zurück. Seit Gründung der *Muslim League* 1906 strebten die Muslime in Indien immer stärker nach Autonomie, sodass schließlich nach der Unabhängigkeit von Großbritannien 1947 das Land in zwei Staaten – entsprechend der Religionszugehörigkeit der Menschen – geteilt wurde: in einen in der Mehrheit von Hindus bewohnten Staat Indien und die Neugründung Pakistan, als Heimat des muslimischen Teils der indischen Bevölkerung. Eine Massenwanderung setzte ein: Hindus strebten nach Indien, Muslime nach Pakistan. Die Neuansiedlungen waren von Gewaltausbrüchen begleitet, die über 500 000 Menschen das Leben kosteten. Religiöser Extremismus war es auch, der einen fanatischen Hindu antrieb, Mahatma Gandhi, den „Vater der Nation", am 30. Januar 1948 zu ermorden.

Seit ihrer Unabhängigkeit waren die **Beziehungen** der beiden Nachbarstaaten **Indien und Pakistan** stets gespannt und feindlich. Der Streit entzündete sich insbesondere am Status der **Provinz Kaschmir**, einer größtenteils von Muslimen bewohnten Region des Himalaya. Beide Länder beanspruchten dieses Gebiet und der Streit darüber führte zu mehreren militärischen Konflikten (z. B. 1947, 1965, 1971/72, 1999). Im Kapitel *A Soldier's Tale*, das während des Vierten Indisch-Pakistanischen Kriegs von 1999 spielt, berichtet Balwant Singh von seinen vermeintlichen Heldentaten während des dritten Indisch-Pakistanischen Kriegs (1971).

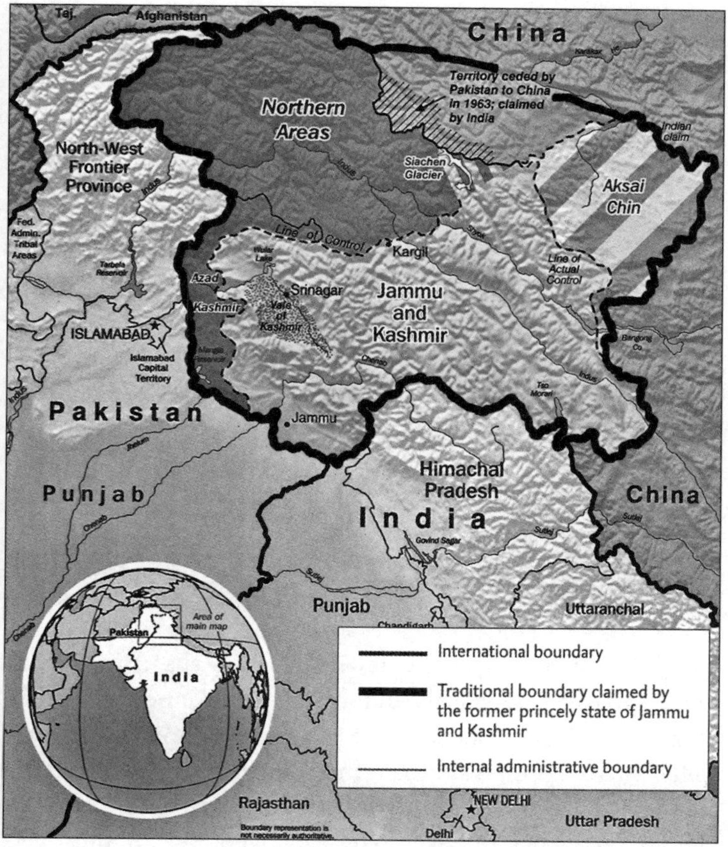

Karte der Region Kaschmir, die z. T. zu Indien, z. T. zu Pakistan und z. T. zu China gehört

8.4 Bollywood

Ein durchgehendes Motiv des Romans ist das Thema Bollywood. Ram und Salim sind begeisterte Kinobesucher, Salim ist in seiner glühenden Verehrung eines Bollywood-Stars kaum zu bremsen, und Neelima Kumari, einem Star vergangener Tage, ist ein ganzes Kapitel gewidmet (S. 244 ff.). Im Film ist Jamal ein begeisterter Fan des Bollywood-Schauspielers Amitabh Bachchan.

Der Begriff Bollywood, eine Kombination aus „Hollywood" und „Bombay", weist nicht nur auf das Zentrum der indischen Filmindustrie hin, sondern bezeichnet zugleich eine ganz spezielle Art von Film, was Inhalt und Aufmachung betrifft. Bollywood ist die **weltgrößte Unterhaltungsindustrie** – wesentlich größer als das amerikanische Hollywood. In Mumbai werden jährlich über 1 000 Kinofilme und 40 000 Stunden Fernsehsendungen produziert. Jeden Tag gehen 14 Millionen Inder in eines der 13 000 Kinos im Lande, und jedes Jahr kaufen weltweit eine Milliarde mehr Menschen Kinokarten für Filme aus Bollywood als für Streifen aus Hollywood.[30] Diese Zahlen verdeutlichen, welch hohen Stellenwert und welche **Popularität**

die Hindi-Filme besitzen. Bollywood-Produktionen sind Familienfilme, geeignet für alle Altersgruppen. Ganze Sippen gehen gemeinsam ins Kino oder versammeln sich vor dem Fernsehgerät, so auch Ram und Salim:

> *We huddle around the twenty-one-inch Dyanora TV and watch Hindi film songs on Channel V and middle-class soaps on Doordarshan* [indisches Fernsehen]. *We especially like watching the films on Sunday.* (S. 92)

Der Grundzug der Bollywood-Produktionen heißt **Eskapismus**, d. h., die Zuschauer werden in eine andere, schönere Wirklichkeit entführt: "These films are about a fantasy world." (S. 92) Das indische Publikum sucht, wenn es ins Kino geht, Ablenkung und Unterhaltung. Dafür werden Abstriche in Bezug auf Realitätsnähe und Wahrscheinlichkeit der Handlung nicht nur bereitwillig in Kauf genommen (vgl. Inhaltsangabe des Kinofilms, den Ram und Salim sich ansehen, S. 38), sondern sogar gefordert. Ram lehnt realistische Filme, wie die Tragödie *The Last Wife*, in der Neelima mitspielte, ab: "The film shows life too realistically. I think it is ridiculous to make such movies." (S. 251)

So verwundert es auch nicht, dass die erste Reaktion des indischen Publikums auf *Slumdog Millionaire* ablehnend war, weil eine Welt gezeigt wird, die das Publikum eigentlich nicht sehen, sondern verdrängen will.[31] Die Filme der Bollywood-Produzenten werden auch als „Masala Movies" bezeichnet (*masala* = Gewürz) – als ein Gemisch aus verschiedenen Gewürzen und Zutaten. Elementare Ingredienzen eines erfolgreichen Bollywood-Films sind: schöne Menschen (insbesondere „a heroine with big breasts", S. 100 – die in der ersten Reihe noch eindrucksvoller erscheinen; daher sitzen Ram und Salim im Kino meist ganz vorn), eine Romanze, einige Schurken, Action, Tanz, farbige Kostüme und mindestens ein Dutzend eingängige Songs. Bewährte Themen und Motive sind Geschwister, die getrennt werden und nach Bestehen diverser Abenteuer wieder zusammenfinden, unglaubliche Zufälle und natürlich das Thema „eternal love […] everlasting love that's pure".[32] Trotz aller Unterschiede ist deutlich erkennbar, dass der Film *Slumdog Millionaire* Sequenzen enthält (z. B. Songs, Tanzszene am Ende, Liebesgeschichte), die man als Hommage an das indische Kino auffassen könnte. Boyle gab selbst verschiedene berühmte Bollywood-Filme an, die ihm als Inspirationsquelle dienten.[33]

Vikas Swarup zeigt in *Q & A* an mehreren Stellen die Brüchigkeit dieser Scheinwelt von Bollywood bei einer Konfrontation mit der Realität. In Hindi-Filmen sind Betrunkene lustige Figuren, in der Wirklichkeit sind sie eine Gefahr für ihre Familien (vgl. S. 76). Menschen sterben im wirklichen Leben anders als im Film (vgl. S. 188, 351). Salim macht eine traumatische Erfahrung, als das Bild des von ihm so verehrten Idols zerbricht (vgl. Kapitel *The Death of a Hero*). Die Filmschauspielerin Neelima Kumari wandelt unsicher hin und her zwischen „real life" und „reel life", d. h. der Realität und der imaginären Welt des Films. Sie ist sozusagen ein Opfer ihres Berufs: „an actor is an actor for life." (S. 253) Ihre Umwelt und sie selbst wissen nicht immer ganz genau, ob sie nun eine Rolle spielt oder ob sie ehrlich ist. Dieser Blendung fällt Ram nicht zum Opfer. Er lernt zu unterscheiden, was real und was gespielt ist. Auf diese Weise werden seine Vorstellungen, die er sich zunächst nach der Darstellung in den Bollywood-Filmen gebildet hatte, im Laufe des Romans relativiert und verändert. Als er sich in Nita verliebt, sagt er: "Till now, my conception of love has been based entirely on what I have seen in Hindi films." (S. 306) Insofern ist das Thema Bollywood wichtig, weil es Swarup als Ausgangspunkt dient, von dem aus er Rams Entwicklung vom naiven und leichtgläubigen Kind zum lebenstüchtigen erwachsenen Menschen zeigen kann, der die Dinge etwas besser kennt. Zumindest reichen Ram die Lektionen, die ihm das Leben erteilt, um Prem Kumars Quizfragen richtig zu beantworten und zum Millionär zu werden.

8.5 Persönliche Beziehungen

Liebe

Nita – Ram: Rams Vorstellungen von Liebe basieren auf den Romanzen der Bollywood-Filme, bis er die schöne junge Nita trifft. Bei ihr erfährt er, was wahre Liebe ist, wie sie einen Menschen gefangen nimmt und sein Leben verändert (vgl. S. 306). Ram und Nita sind gleichaltrig (17), als sie sich kennenlernen. Doch Nita ist die Lebenserfahrenere, die desillusioniert ist angesichts ihres Schicksals als Prostituierte, das sie seit ihrem zwölften Lebensjahr erduldet. Obwohl auch Ram finstere Seiten des Lebens kennengelernt hat, eröffnet sich ihm bei Nita eine neue Welt („see life in brilliant new shades“, S. 306). Ähnlich wie Gudiya weckt sie seine Beschützerinstinkte, doch diesmal ist Ram älter und reifer. Statt des Bruder-Schwester-Verhältnisses entwickelt sich echte Liebe.

Jamal – Latika: Schon sehr früh entsteht ein enges Verhältnis zwischen den beiden Waisen Jamal und Latika. Entgegen dem Wunsch seines Bruders Salim übernimmt Jamal eine Beschützerrolle gegenüber der hilflosen Latika. Er gibt ihr Unterschlupf und macht sie für sich damit zum dritten Musketier. Ihre romantischen Träume von einer gemeinsamen Zukunft in Wohlstand werden jäh zerstört durch die Trennung, die nicht ohne Salims Schuld erfolgt. Bei der Flucht lässt er Latikas Hand los. Die Gefühle jedoch, die Jamal inzwischen für Latika entwickelt hat, sind so stark, dass er alles unternimmt, jede Gefahr missachtet und jede Enttäuschung überwindet, bis er seine große Liebe endlich wiederfindet. Latika taktiert eher vorsichtig. Sie möchte Jamal vor überstürztem Handeln bewahren und wäre bereit, auf ihre Liebe zu verzichten. Jamal drängt sie, mit ihm von Javed fortzulaufen: "Come away with me." Latika reagiert skeptisch und zugleich pragmatisch: "Away where? And live on what?" Doch für Jamal liegt die Lösung auf der Hand: „Love." (Min. 1:17:32)

Unbeirrt verfolgt er sein Ziel, seinem Schicksal, mit Latika vereint zu sein: "I'll wait at VT station. Five o'clock every day until you come." (Min. 1:19:10) Seine Ausdauer wird belohnt.

Freundschaft

In *Q&A* schlägt sich das Waisenkind Ram mit seinem Straßenwissen, seiner praktischen Lebensbegabung, weitgehend allein auf sich gestellt durch. Zu einigen Personen entwickelt er jedoch engere freundschaftliche Beziehungen. Dazu gehört zunächst **Salim**, der im Waisenhaus in Delhi zu **Rams bestem Freund** wird. Die Familientragödie, durch die Salim seine Familie verlor und zum Waisen wurde, weckt Rams Mitleid so sehr, dass er die Rolle des Beschützers für den zwei Jahre Jüngeren übernimmt. Nach seinem Millionengewinn wird Ram zum Förderer des Schauspielschülers Salim.

Im *chawl* in Mumbai lernt Ram die Nachbarstochter **Gudiya** kennen. Er wird gewahr, dass das Mädchen vom eigenen Vater bedroht und misshandelt wird, und stellt sich wie ein Bruder schützend vor sie. In seiner vorherigen Stelle bei der Film-Diva Neelima Kumari hatte Ram erste traurige Erfahrungen mit Gewalt gegen Frauen gemacht. Als 13-Jähriger setzt er sich, allein auf sich gestellt, tapfer für die wehrlose Gudiya ein. Späten Lohn für seine Tat erhält er durch die Verteidigung, mit der ihn Gudiya, die inzwischen Rechtsanwältin geworden ist, von der Polizei befreit und seine Rechte durchsetzt.

Ein sehr emotionales Verhältnis entwickelt sich zwischen Ram und dem gleichaltrigen **Shankar** in Agra. Ram ist tief berührt von der Freundlichkeit, mit der Shankar ihn bereitwillig aufnimmt, und vom Schicksal des Jungen. Shankar kann keine sinnvollen Wörter bilden, sondern äußert nur unzusammenhängende Sprachfetzen. Ram entdeckt, dass Shankars Behinderung auf einem frühkindlichen Trauma beruht. Der Junge wurde von seiner Mutter verstoßen und ist seitdem sprachbehindert.

Als Shankar an Tollwut erkrankt, setzt Ram sich vergeblich bei dessen Mutter Rani Sahiba für die Gesundung ihres Sohnes ein. Shankars Tod versetzt Ram in eine Art Schockzustand, aus dem er sich nur allmählich erholt.

Familie

Eine eigene Familie hat Ram nicht gekannt, aber im Laufe seines Lebens knüpft er zu einigen Personen enge Kontakte, sodass man sie als seine **Ersatzfamilie** bezeichnen kann. Als Säugling wurde er von seiner verzweifelten Mutter in die Hände barmherziger Schwestern gegeben. Da niemand den Jungen adoptieren möchte, wird er schließlich vom gütigen **Father Timothy** aufgenommen. In ihm findet Ram einen **Ersatzvater**, bei dem er sechs Jahre lang behütet aufwächst. Während dieses überaus glücklichen Lebensabschnitts lernt er nicht nur die englische Sprache, was ihm später oft zum Vorteil gereicht, sondern durch das Beispiel des Priesters auch Ehrlichkeit, Güte, Nächstenliebe und religiöse Toleranz. Das dramatische Ende seiner Zeit bei Father Timothy ist für Ram ein Schock und kommt der Vertreibung aus dem Paradies gleich.

Erst als er bei der früheren Bollywood-Diva **Neelima Kumari** eine Stelle antritt, fühlt er sich ähnlich behütet und sieht Neelima als seine **Ersatzmutter** an. Seine **Ersatzgeschwister** findet Ram in dem ebenfalls elternlosen **Salim** und dem Mädchen **Gudiya**, für die er zum beschützenden Bruder wird.

9 Interpretation von Schlüsselstellen

Q & A: 1,000 – „The Death of a Hero" (S. 31–44)

Handlungszusammenhang: Dies ist das erste Kapitel nach dem Prolog, und das erzählte Ereignis ermöglicht Ram die richtige Antwort auf die erste Quizfrage. Ram und Salim sind in Mumbai dem Gangster Maman entkommen und finden Zuflucht bei der Bollywood-Diva Neelima Kumari. Ram wird in ihrem Haus als Diener eingestellt, Salim arbeitet als *dabbawallah*. Zur Zeit des Geschehens ist Ram 12 Jahre alt.

Verlauf und Bedeutung: Ram und Salim gehen gemeinsam ins Kino und sehen einen der von ihnen so geliebten Bollywood-Filme. Während der Vorstellung setzt sich ein Mann neben Salim und beginnt ihn sexuell zu belästigen. Es stellt sich heraus, dass es sich um den von Salim als Action-Held verehrten Bollywood-Star Armaan Ali handelt, der sich als alter Mann verkleidet hat. Mit dieser Entdeckung zerbricht das Heldenbild, das sich Salim von seinem Idol gemacht hatte.

In diesem Kapitel wird das **Thema Bollywood**, das sich durch den gesamten Roman zieht, eingeführt. Für die indische Bevölkerung ist es eines der am meisten geliebten Freizeitvergnügen, sich einen Film aus der Bollywood-Produktion anzusehen – im Fernsehen oder im Kino. Die Popularität der Streifen lässt sich daran ablesen, dass Tickets für eine Premierenvorstellung auf dem Schwarzmarkt gehandelt werden (vgl. S. 33). Bollywood-Filme sind nach einem festen Muster konzipiert, das das Publikum kennt und in jedem dieser Filme erwartet: eine Liebesgeschichte, den Kampf gegen das Böse, Sieg des Guten und reichlich Tanz- und Gesangseinlagen. Bei der Vorstellung geht das Publikum begeistert mit, äußert Missfallen oder auch Begeisterung. Für die Zuschauer sind die Hindi-Filme eine willkommene und ersehnte Abwechslung, eine Flucht aus dem Alltag in eine andere, bessere Welt. Vikas Swarup zeigt in diesem Kapitel, wie brüchig diese Scheinwelt ist. Der junge Salim erfährt auf dramatische Weise, dass die **Realität** („real life") ganz anders – und zwar brutaler – ist als die im Film vorgestellte **Fantasiewelt** („reel life"). Dieses Auseinanderklaffen zeigt Swarup an mehreren Stellen des Romans, insbesondere im Kapitel, das der „Tragedy Queen" des Bollywood-Films, der Schauspielerin Neelima Kumari, gewidmet ist (S. 244 ff.).

Der vorliegende Abschnitt dient neben der Einführung eines wichtigen Motivs auch der **Charakterisierung** der beiden Figuren Salim und Ram. **Salim** ist der naive Verehrer des Action-Stars Armaan Ali, dessen Bild er sich aus den Filmen Armaan Alis und aus den Starmagazinen geformt hat. Den Film, den sich beide Jungen anschauen, hat Salim schon achtmal gesehen, er kennt die Dialoge auswendig und kann sie mitsprechen, er kennt jede Szene und jeden Beteiligten, sogar den „hair stylist" und „make-up man" (S. 33). In seinem winzigen Zimmer wirken die Bilder, die er aufgehängt hat, wie ein Altar, vor dem er seinen Helden verehrt. Er leidet mit seinem Idol, wenn er Berichte über das Ende einer Liebesbeziehung Armaan Alis liest, und weist Gerüchte über dessen Homosexualität als üble Verleumdung zurück. Umso brutaler ist Salims Erwachen, als er die Wirklichkeit zur Kenntnis nehmen muss, dass nämlich das Bild, das er sich geschaffen hat, in keiner Weise mit der Realität übereinstimmt. Dieses Erlebnis lässt ihn zu einem reiferen Charakter werden.

Ram ist, was sein Verständnis der Bollywood-Filme angeht, schon reifer als Salim. Er nimmt sie als Fiktion hin und weiß, dass alles nur erdacht und gespielt ist. Er versucht – wenn auch vergeblich – mäßigend auf Salim einzuwirken und dessen überschwängliche Bewunderung zu dämpfen. Ram zeigt seine Verehrung einer Bollywood-Schönen nicht so offen und bedingungslos wie Salim, sondern nur heimlich und am verborgenen Ort, durch sein Graffiti auf der Toilette: "I love Priya." (S. 38)

Auch von der **Erzähltechnik** her ist dieses Kapitel interessant. Ram ist – wie im ganzen Roman – der **Icherzähler**, der selbst Erlebtes berichtet. Um dem Leser den Eindruck zu vermitteln, das Geschehen laufe unmittelbar vor seinen Augen ab, lässt Swarup seinen Erzähler Ram im Präsens berichten. Dass Ram aber aus der Rückschau erzählt, wird durch die Hinwendung zum Leser („the first thing you must know about Salim“, S. 31) und eingefügte Kommentare (“I don‘t know whether it reached Armaan or not”, S. 37) deutlich. Die Schilderung des Kinobesuchs wird durch drei **Rückblenden** unterbrochen: Die erste persönliche Begegnung zwischen Salim und Armaan Ali, Salims Reaktion auf das Ende einer Romanze zwischen Armaan Ali und Urvashi und das Gerücht, der Star sei homosexuell. Zum Teil sind diese beiden Ebenen verbunden durch die Wiederholung einzelner Wörter („that hand“, S. 35, „Urvashi“, S. 36, „fireplace – fire“, S. 40), sodass die Übergänge wie **filmische Überblendungen** wirken.

Q & A: 100,000,000 X GKRZ OPKNU – „A Love Story“ (S. 325–334)

Handlungszusammenhang: Die Episode spielt in Agra, wohin Ram geflüchtet ist, weil er glaubt, beim Überfall im Zug einen Räuber erschossen zu haben. Dort freundet er sich mit einem sprachbehinderten Jungen namens Shankar an, der ihm eine Unterkunft in einem Nebengebäude des Palastes der adligen Queen Swapna Devi, auch Madam oder Rani Sahiba genannt, verschafft. Ram findet heraus, dass Rani Sahiba Shankars leibliche Mutter ist, die ihren Sohn einst verstieß und daher für dessen Behinderung verantwortlich ist. Als Shankar an Tollwut erkrankt und dringend behandelt werden muss, stellt Ram Madam Rani Sahiba zur Rede und fordert ihre Hilfe.

Verlauf und Bedeutung: Ram (alias Raju Sharma) konfrontiert Rani Sahiba mit seiner Erkenntnis, dass Shankar ihr Sohn ist, und fordert sie auf, die Kosten für Shankars Behandlung zu übernehmen. Sie leugnet ihre Mutterschaft und verweigert brüsk jede Hilfe (vgl. S. 324). Shankar stirbt, und Ram trägt Shankars Leiche in den Palast, in dem gerade ein Festessen stattfindet. Vor den versammelten Festgästen klagt er Rani Sahiba an und fordert sie auf, wenigstens für die Bestattung ihres Sohnes zu sorgen. Nach Shankars Tod fällt Ram in tiefe Depression und Lethargie, aus der ihn erst die Nachricht reißt, dass Nita misshandelt wurde und im Krankenhaus liegt. Ram sieht, dass Nita dieselben Verletzungen aufweist wie einst Neelima Kumari. Er will nun unbedingt Nita von ihrem Zuhälter freikaufen und stiehlt das erforderliche Geld aus Swapna Devis Safe. Der Betrag reicht jedoch nicht, und da Ram die Hoffnung aufgibt, mit Nita zusammen zu sein, schenkt er das Geld einem Mann, der es für die Heilung seines Sohnes erbittet, der wie Shankar an Tollwut erkrankt ist. Ram sieht eine Anzeige für die Quizshow *W3B* mit dem Porträt des Quizmasters. In ihm erkennt er den Mann wieder, der Neelima und Nita misshandelt hat. Ram bewirbt sich und macht sich auf nach Mumbai.

Der Textausschnitt ist in mehrfacher Hinsicht bedeutsam. Zum einen nimmt Vikas Swarup verschiedene **Themen und Motive**, die im gesamten Roman eine Rolle spielen, wieder auf: die Klassengegensätze, Freundschaft, Liebe, Rams Cleverness und sein Verhältnis zu Geld. Zum anderen wird die **Grundsituation des Romans** geklärt, d. h. der Leser erfährt, wie und warum es zu Rams Teilnahme an der Quizshow *W3B* kommt.

Die **Klassenunterschiede** und der Gegensatz zwischen **Arm und Reich** werden in dieser Passage deutlich aufgezeigt. Auf der einen Seite stehen die Besitzenden und Machthaber, personifiziert durch Rani Sahiba und die illustren Gäste ihres Festes (Polizeipräsident, Bezirksrichter, Geschäftsleute und Prominente), die im hell erleuchteten Palast in aller Pracht feiern („heavy silk sari and loaded with jewellery", S. 327). Räumlich zwar nicht weit weg, doch Welten entfernt hausen die Armen und Rechtlosen – Ram und Shankar in ihrer armseligen Unterkunft, wo Shankar einen grausamen und langsamen Tod stirbt.

Das Motiv **Freundschaft** klingt an dieser Stelle wieder an. Rams Appelle an die Reichen sind vergeblich, seine Hilferufe verhallen. Brutal und kalt wird er abgewiesen („You worthless boy", S. 323). Die herzlose Rani Sahiba macht ihm aufs Neue klar, wo sein Platz in der Gesellschaft ist, nämlich ganz unten, auf der untersten Stufe. Schon als Ram sich für das Dienstmädchen einsetzt, lässt Rani Sahiba darüber keine Zweifel aufkommen: "You people who are poor should never try to overreach yourselves. Stay within your limits and you will not get into trouble." (S. 318). Rams dramatischer Auftritt mit Shankars Leiche und seine pathetische Rede können die Festgesellschaft nur kurz zum Einhalten bewegen, sie ändern aber nichts. Rams Frustration und Wut ("My blood begins to boil", S. 329) wird noch gesteigert, als er die schwer misshandelte Nita im Krankenhaus aufsucht und ihre Verletzungen sieht. Aus Liebe zu Nita unterdrückt er zunächst seine aufkeimende Aggression („kept my simmering anger in check", S. 329). Stattdessen setzt er seine **Cleverness** ein ("I make my plans", S. 330) und bricht Swapna Devis Safe auf, um sich Geld zu beschaffen und Nita von ihrem Zuhälter freizukaufen.

Rams **Verhältnis zu Geld** wird an dieser Stelle wieder offensichtlich. Es ist für ihn nur wichtig als Mittel zum Zweck, d. h. in diesem Zusammenhang, um Nita aus der Prostitution zu holen. Als er dieses Ziel nicht erreicht, verliert auch das Geld für Ram wieder jegliche Bedeutung und er gibt es bereitwillig weg.

Im Zentrum dieses Textabschnitts stehen drei **Schicksalsschläge**, mit denen Ram fertig werden muss und die letztlich eine **Weiterentwicklung seines Charakters** herbeiführen. Unmittelbar vor Beginn dieser Passage ereignet sich die Tragödie um das Dienstmädchen Lajwanti, die aus Liebe zu ihrer Schwester zur Diebin wird. Ram steht noch ganz unter dem Eindruck dieses Ereignisses, als weitere Katastrophen über ihn hereinbrechen. Sein Freund Shankar wird von seiner herzlosen Mutter schmählich im Stich gelassen und stirbt. Rams Protest und seine Anklage werden kalt abgeschmettert und dies lässt ihn frustriert und ohnmächtig zurück. Der Anblick von Nitas schweren Verletzungen und die Tatsache, dass er das Geld für ihre Befreiung nicht wird aufbringen können, stürzen ihn in weitere Verzweiflung. Doch schließlich bewirken diese Geschehnisse, dass der Underdog aktiv wird. Er lässt sich nicht mehr herumstoßen, passt sich nicht an, sondern er wehrt sich: Er bewirbt sich bei *Who Will Win A Billion?*, um endlich Rache an Prem Kumar zu nehmen. Damit ist die Erzählebene des Romans (die Ereignisse in der Quizshow) begründet, die die einzelnen Geschichten organisch miteinander verbindet.

Slumdog Millionaire: **Salim erschießt Maman (Min. 51:00–56:00)**

Handlungszusammenhang: Jamal kann Latika nicht vergessen, und daher kehrt er mit seinem Bruder Salim aus Agra in die alte Heimatstadt Bombay zurück. Bombay hat sich verändert. "Bombay had turned into Mumbai", stellt Jamal fest (Min. 47:26). Vom geblendeten Arvind erfährt er, dass Latika als „Cherry" auf der Plia Street, im Rotlichtviertel der Stadt, arbeitet. Nachdem sie Latika bei Maman gefunden haben und Salim diesen getötet hat, fliehen die drei Jugendlichen in eine Wohnung. Salim schließt sich dem Gangsterboss Javed, einem Gegenspieler Mamans, an. Er bricht mit seinem Bruder und verjagt ihn unter Androhung von Waffengewalt aus der Wohnung.

Verlauf und Bedeutung: Die Jungen gehen in das Rotlichtviertel, finden Latika und wollen sie mitnehmen. Doch sie werden von Latikas Zuhälter Maman überrascht, der die Jungen wiedererkennt ("I'll never forget a face", Min. 53:25). Maman stellt sich Salim in den Weg und will ihn und Jamal von seinen Helfern hinauswerfen lassen ("Get them out of here!", Min. 53:56). Doch

Salim zieht plötzlich einen Revolver, zwingt Maman und seine Komplizen auf die Knie. Er erschießt Maman, weil er dessen Rache fürchtet, und mit dessen Geld und Latika fliehen die Brüder. Nach diesem Erlebnis kann Jamal die Frage 7 für 2 500 000 Rupien ("Who invented the revolver?") beantworten.

Die Szene markiert einen **Wendepunkt** in der Beziehung zwischen Jamal und Salim. Was sich bei Salim schon in seiner Kindheit im Kleinen angedeutet hatte, nämlich seine Verschlagenheit und Anfälligkeit fürs Kriminelle (z. B. Verkauf von Jamals Autogrammkarte, Stellung bei Maman, Ausrauben von Touristen in Agra), bricht hier offen auf. Die Entscheidung fällt, und Salim schlägt sich auf die andere Seite des Gesetzes. Die Folgeszene, in der Salim seinen Bruder mit dem Revolver bedroht und verjagt, zeigt, dass er seine Ziele ohne Rücksicht auf Verluste verfolgt. Da er weiß, dass er mit Latika viel Geld verdienen kann, behält er sie in seiner Gewalt und trennt sie von Jamal – und das, obwohl er weiß, dass sie die große Liebe seines Bruders ist.

Das geschieht wohl nicht allein, weil Salim schlecht ist, sondern, weil dieser in ihm angelegte Zug durch die Umstände die Oberhand gewinnt. Es ist der Punkt in seinem jungen Leben erreicht, an dem er den Kampf ums tägliche Überleben bei miserabler Bezahlung nicht weiter fortführen und die ständigen Erniedrigungen nicht weiter ertragen will, wie er das als Junge getan hat. Er will diese Ketten ablegen und sich quasi befreien aus diesen Beschränkungen. Ironischerweise geschieht das in der Auseinandersetzung mit Maman, der ihm einst selber im Bettlercamp als Ausweg aus der Misere die Karriere als Verbrecher aufgezeigt hatte. Jetzt ist der Moment der Entscheidung gekommen, und Salim wird zum „gunfighter" (Min. 30:03). Er schließt sich nach dem Mord an Maman dem Gangster Javed an und erkennt erst spät, dass er einen Irrweg eingeschlagen hat. Am Ende des Films opfert er sich, um Jamals Triumph zu ermöglichen und damit seinem Leben doch noch einen Sinn zu geben.

Auf Salims Tat reagiert Jamal völlig überrascht und geschockt. Voller Angst, mit aufgerissenen Augen und offenem Mund verfolgt er wie in Trance das Geschehen. Der Todesschuss bringt den Ton im Film nahezu zum Verstummen, und die Stille verdeutlicht damit die Schockstarre, in der Jamal sich befindet. Die Ungeheuerlichkeit des Mordes hinterlässt einen tiefen Eindruck und noch Jahre später in der Quizshow erinnert er sich mit Schrecken an das Geschehen. Anders als Salim wählt Jamal nicht den Weg des Verbrechers, sondern bleibt auf der rechten Bahn.

Bei der **filmischen Umsetzung** dieses Einschnitts im Leben der Jungen ist vor allem die **Bildführung**, die Regisseur und Kameramann gewählt haben, besonders bemerkenswert. Die Kamera nimmt den Zuschauer mitten ins Geschehen hinein. Um die Unmittelbarkeit zu verdeutlichen, wird ein Großteil der Ereignisse aus der Perspektive der Jungen gefilmt *(point-of-view shot)*. Auf Augenhöhe mit ihnen durchstreift der Zuschauer das verwirrende Gewusel des Amüsierbezirks, mit Jamal bzw. Salim blickt er durch das Schlüsselloch auf die tanzende Latika und sieht die riesige Gestalt Mamans bedrohlich näherkommen. Aufgrund dieser gewählten Kameraposition ist der Blickwinkel des Zuschauers oft bewusst eingeschränkt und macht für ihn damit das Ganze undurchschaubar, insbesondere wenn die Kamera hinter den handelnden Figuren positioniert ist und über deren Schultern hinweg das Geschehen aufnimmt *(over-the-sholder shot)*. Hektische Kamerabewegungen und zum Teil schräg und von unten gefilmte Sequenzen verstärken die unruhige und beunruhigende Atmosphäre. Großaufnahmen *(close-ups)* von Jamals erschrecktem Gesicht, ein Zwischenschnitt auf den erwachsenen Jamal in der Quizshow, der in der Erinnerung immer noch sichtlich betroffen ist, sowie akustische Elemente (Revolverschuss, Stille, vermischt mit heftigem Atmen) vermitteln eindrucksvoll die Ungeheuerlichkeit des Geschehens und die Angst, die der junge Jamal empfindet.

Analyse einer Szene aus *Q & A* und ihrer filmischen Umsetzung
Episode: Die Blendung der Kinder
Literarische Vorlage: *Q & A* Kapitel *A Thought for the Crippled* (S. 110–119)
Handlung des Romans: In einem Waisenhaus in Delhi lernt Ram den zwei Jahre jüngeren Salim kennen und beschützt ihn gegen unsittliche Nachstellungen des tyrannischen Heimaufsehers Gupta. Dieser ist froh, als sich eine Chance bietet, Ram loszuwerden, und er verkauft beide Jungen an den Kriminellen Maman nach Mumbai, der Kinder verstümmelt und zum Betteln zwingt. Wer nicht genügend sammelt, wird bestraft und muss hungern. Mehrere Jungen erzählen, dass sie körperlich entstellt wurden, um durch die Missbildung Mitleid bei den Menschen zu erregen und damit deren Geberfreudigkeit zu erhöhen. Als Ram zufällig ein Gespräch zwischen Maman und seinem Komplizen belauscht, aus dem hervorgeht, dass er und Salim geblendet werden sollen, beschließt er, mit Salim zu fliehen.
Filmische Umsetzung (Min. 22:36–34:28): Von einer Müllkippe lockt der Gangster Maman die drei Waisen Jamal, Salim und Latika in sein Camp, in dem er Kinder als Bettler ausbeutet. Der couragiert und selbstbewusst auftretende Salim steigt zu Mamans Helfer auf. Als rabiater Aufseher treibt er die Bettelkinder zur Arbeit an. Der sanftere und naive Jamal erhofft sich wegen seiner schönen Singstimme eine Karriere als Sänger und träumt mit Latika von einer besseren Zukunft. Salim wird eines Abends Zeuge, wie ein Junge (Arvind) geblendet wird, da er nach Mamans Ansicht als Blinder mehr Geld erbetteln kann. Salim bewahrt Jamal vor demselben Schicksal, indem er ihn zur Flucht antreibt. Den Jungen misslingt es jedoch, Latika mitzunehmen, sodass sie bei Maman zurückbleiben muss.
Gemeinsamkeiten: Das Thema ist die Ausbeutung und Misshandlung der Waisenkinder, und der Schauplatz der Handlung ist in Roman und Film Mamans Bettlercamp in Mumbai. Um die

guten Sänger noch bemitleidenswerter erscheinen zu lassen, werden sie geblendet, damit sie dem blinden indischen Dichter und Komponisten Surdas gleichen, dessen Balladen sie vortragen. Im Roman und im Film gelingt den beiden Jungen die Flucht in einen neuen Lebensabschnitt und neue Abenteuer. In der Quizsendung können sowohl Ram als auch Jamal die Frage nach dem blinden Sänger Surdas richtig beantworten.

Unterschiede: Zunächst stechen die **inhaltlichen** Unterschiede ins Auge. In *Q & A* werden beide Jungen von einem Musiklehrer unterwiesen, wobei Salim der bessere Sänger ist. Im Film *Slumdog Millionaire* hat nur Jamal eine gefällige Singstimme, Salim ist auf diesem Gebiet ein hoffnungsloser Fall. Jamal träumt von einer Karriere als Sänger und einer gemeinsamen Zukunft mit Latika; im Roman lernt Ram Nita erst später in Agra kennen. In *Q & A* erkennt Ram die drohende Gefahr und wird zum Retter Salims. Generell ist Ram der reifere und schlauere Junge, der den Ton angibt, im Film sind die Verhältnisse umgekehrt. Im Roman sollen beide Jungen geblendet werden, im Film lediglich Jamal. Im Film ist Salim der Clevere der beiden und weiß, welches Schicksal Jamal droht. Statt ihn Maman auszuliefern, drängt er ihn zur Flucht und rettet ihn vor der Blendung.

Neben diesen inhaltlichen Unterschieden ist vor allem die **Art der Darstellung** in Roman und Film bemerkenswert. Im Roman erfahren Ram und Salim (und damit der Leser) durch Gespräche mit Jungen aus dem Bettlercamp bzw. aus der Unterhaltung zwischen Maman und seinem Komplizen, welche Grausamkeiten den Kindern drohen. Der Vorgang selber, d. h. das Geblendetwerden der Kinder, wird ausgespart und nicht erzählt.

Die Filmemacher dagegen haben es sich nicht nehmen lassen, diese furchtbare Begebenheit drastisch zu zeigen und zu einer der spannendsten und grausamsten Szenen des Films zu machen. In mehreren Phasen wird die **Spannung** und damit auch das **Entsetzen** der Zuschauer erhöht. Zunächst wird das Publikum mit

Salim Zeuge, wie Arvind mit flüssigem Blei das Augenlicht zerstört wird. Lautlos spielt sich das grausige Ereignis ab, begleitet nur vom Geräusch einer Lampe und dem Zischen des heißen Bleis. Das ist entsetzlich genug, doch die Steigerung folgt, als Maman Salim befiehlt, Jamal zu holen. Der Schreck, den auch der Zuschauer empfindet, spiegelt sich auf Salims Gesicht. Er und der Zuschauer wissen, welches Schicksal Jamal bevorsteht. Das Publikum hat noch mehr Zeit, sich mit der grässlichen Vorstellung zu beschäftigen, da in der nächsten Szene der ahnungslose Jamal gezeigt wird, wie er Latika von Reichtum und einem gemeinsamen Leben der drei Musketiere vorschwärmt. Die Spannung ist auf dem Höhepunkt, als Salim Jamal bei Maman vorführt. Sie entlädt sich zunächst in Erleichterung, als Salim den Helfer überwältigt und den verdutzten Jamal zur Flucht antreibt, steigert sich aber wieder bei der wilden Verfolgungsjagd. Die Kamera nimmt hier, ähnlich wie bei der Verfolgungsjagd durch den Slum am Anfang des Films, die Perspektive der Fliehenden ein und hämmernde **Begleitmusik** verstärkt die Wirkung. Erleichterung stellt sich erst ein, als die Jungen auf einen fahrenden Zug aufspringen und in Sicherheit scheinen. Allerdings kommt leichte Wehmut auf, weil Latika zurückbleiben muss. Im Hintergrund ertönt das musikalische Leitmotiv „Latika's theme".

An diesen beiden Auszügen lässt sich die **unterschiedliche Darstellungsweise** aufzeigen, die durch die jeweilige Gattung bestimmt wird. Der Film ist, wie das Theater, das Medium des Zeigens *(showing)*[34], d. h., der Zuschauer wird unmittelbar mit der Handlung konfrontiert. Im Roman wird das Geschehen durch einen Vermittler, den Erzähler, dargelegt (*telling*). Dadurch entsteht eine gewisse Distanz zwischen Handlung und Leser, insbesondere wenn – wie in *Q&A* – der Erzähler für den Leser bemerkbar ist. Die Unmittelbarkeit der szenischen Darstellung macht die oben geschilderte Episode in *Slumdog Millionaire* so aufwühlend und ergreifend.

Rezeptionsgeschichte

Die Produktion des Films *Slumdog Millionaire* war mit einigen Schwierigkeiten bei der Finanzierung verbunden, doch alle Mühen wurden durch den triumphalen Erfolg bei Publikum und Kritik belohnt. Im Februar 2009 wurde Danny Boyles Film mit acht Oscars ausgezeichnet. Die Erfolgswelle erfasste anschließend auch den Roman, der die Vorlage geliefert hatte. Der Verlag Random House verkaufte von Vikas Swarups *Q & A* in einem Monat nach dem Oscargewinn mehr Exemplare als seit der Veröffentlichung im Jahr 2006.[35] Die Erklärung für den Erfolg des Films sah Drehbuchautor Simon Beaufoy in der Tatsache, dass der Film zur rechten Zeit auf den Markt gekommen sei. Die Menschen waren angesichts der weltweiten Finanzkrise verunsichert und vielen wurde bewusst, wie schnell Aktienbesitz und Geldvermögen sich in Luft auflösen konnten. In *Slumdog Millionaire* ging es zwar auf den ersten Blick auch um Geld, doch bei näherem Hinsehen um andere Werte:

> *Actually [...] it's a film that says there are more important things than money: love, faith, and family. And that struck a chord with people, I think; right now, in an era where we suddenly turn around and go, 'Wait a minute, this money thing – it's been shown to be a real false idol.' And so the timing of when this film came out had a tremendous impact.*[36]

Außerdem sieht natürlich alle Welt gern ein Märchen, in dem die Liebe siegt und das Gute belohnt wird.

Allerdings setzte der Film – und damit auch der Roman – erst nach der Prämierung mit acht Oscars seinen Triumphzug auf der ganzen Welt fort. Zuvor waren sowohl Film als auch Buch vor allem in Indien und bei indischen Literaten auf herbe Kritik gestoßen. Mehr noch als Aravind Adigas kritisches Indienbuch *The White Tiger*, das 2008 den angesehenen Booker Prize gewann, wurde Swarups *Q&A* als „poverty porn“, Armutsporno, verurteilt, in dem das Elend der Ärmsten ausgenutzt würde, um bei einem voyeuristischen Publikum Geld zu verdienen. Die Gaffer würden mit entsetzlichen Missständen, mit Geschichten über Alkoholismus, Inzest, Kinderprostitution, Korruption und Gewalt bedient, um sich daran erschauernd zu ergötzen. Bollywoods Megastar Amitabh Bachchan, im Film das Idol des jungen Jamal, entrüstete sich auf seiner Homepage, Indien werde als „dreckiger Unterleib der Dritten Welt“ vorgeführt. Nach dem weltweiten Publikumserfolg zog Bachchan diese Kritik allerdings zurück. Auch der angesehene Schriftsteller, Salman Rushdie, verdammte *Q&A* als „corny potboiler“[37] (= kitschiger Reißer) und verurteilte Boyles Filmadaptation als „neokolonialen Kitsch“[38].

Heftige Kritik entzündete sich auch an dem Ausdruck „Slumdog“, der als erniedrigend empfunden wurde, und an der vermeintlichen Ausbeutung der jungen Schauspieler. Regisseur und Produzent versicherten, einen Fond eingerichtet zu haben, der die Erziehung und Ausbildung der Kinder gewährleisten sollte.

Trotz aller Vorwürfe von verschiedenster Seite war der Großteil des indischen Publikums nach der triumphalen Oscar-Nacht nicht nur versöhnt, sondern stolz auf diesen Sieg des indischen Films über und in Hollywood – wobei geflissentlich unterschlagen wurde, dass die Produktion von *Slumdog Millionaire* vorwiegend in britischen Händen lag (Regisseur, Drehbuchautor, Produzent).

Literaturhinweise

verwendete Textausgabe

SWARUP, VIKAS: *Q & A*. Black Swan: London, 2005.

weiterführende Materialien

Homepage des Autors Vikas Swarup:
http://www.vikasswarup.net
Website des Filmverleihs Fox Searchlight:
http://www.foxsearchlight.com/slumdogmillionaire/

Anmerkungen

Alle angegebenen Websites beziehen sich auf den Stand im Juli 2011.

1 vgl. „Shocked by Slumdog's poverty porn." In: *The Times*, 14. 1. 2009

2 „Q & A: Danny Boyle on *Slumdog Millionaire*" In: *Metromix*, 7. 11. 2008, http://chicago.metromix.com/movies/article/q-and-a-danny/754868/content

3 vgl. *Frankfurter Allgemeine Zeitung*, 14. 03. 2009, Nr. 62, S. Z1

4 Begriff aus dem Kricketspiel; der Schlagmann *(batsman)* eines Teams absolviert bei einem internationalen Match (z. B. England gegen Pakistan, Indien oder Australien = *test match*; im Film: *first class*) während eines Durchgangs *(innings)* 100 erfolgreiche Läufe *(runs)*.

5 vgl. Stuart Jeffries, „I'm the luckiest novelist in the world", *Guardian online*, 16. 1. 2009 http://www.guardian.co.uk/books/2009/jan/16/danny-boyle-india

6 Die Kapitel beziehen sich auf die DVD *Slumdog Millionaire*. Euro Video. 2009.

7 Die Zeitangaben richten sich nach der Wiedergabe im Windows Media Player, bei anderen Media-Playern oder DVD-Spielern kann es zu Abweichungen kommen.

8 Im Drehbuchentwurf findet sich eine Frage, die in der Endfassung des Films nicht enthalten ist: "For sixty-four thousand rupees. The British architect Frederick Stevens designed which famous building in India? Is it A) The Taj Mahal, B) Chhatrapati Shivaji Terminus, C) India Gate, D) Howrah Bridge? What do you think, Jamal? Are you one of those tea-boys with a penchant for architecture?" aus: Filmskript Szene 40 http://www.script-o-rama.com/snazzy/dircut.html

9 Der historische Roman erschien 1844.

10 Vgl. Peter Freese: „Zur Methodik der Analyse von Short Stories." In: Freese et al. (Hrsg.): *Die Short Story im Englischunterricht der Sekundarstufe II*. Schöningh: Paderborn 1979, S. 51

11 Mark McDonald, „A Diplomat's Unlikely Rise to ‚Slumdog' Acclaim" In: *The New York Times*, 1. 4. 2009 http://www.nytimes.com/2009/04/02/arts/02iht-zslumdog.html

12 ibid.

13 Stuart Jeffries
14 Sabine Löhr: „Wer foltert den Milliardär? Instant-Karma: Vikas Swarup sucht das Glück in Indien." In: *Frankfurter Allgemeine Zeitung*, 19. 8. 2005, Nr. 192, Seite 32.
15 Stuart Jeffries
16 Yvonne Zipp: "He should have guessed wrong." In: *The Christian Science Monitor*. 30. 8. 2005 http://www.csmonitor.com/2005/0830/p15s02-bogn.html
17 Daneben gibt es jedoch auch Stellen, an denen man bezweifeln kann, dass sie den Wortschatz und Erfahrungshorizont bzw. Gedankengang eines – in diesem Fall – Zwölfjährigen widerspiegeln: "I reflect on how good it is to have simple, uncomplicated ambitions, like shaking a film star's hand." (*The Death of a Hero*, S. 35) Ein ähnliches Beispiel findet sich im selben Kapitel: "Suddenly Salim looks up. 'Do you think I could speak to her? Maybe I could persuade her to come back to Armaan. Tell her that it was all a mistake. Tell her how sad and contrite he is.'" (S. 36)
18 cf. Christina Koning: „Paperback – Slumdog Millionaire by Vikas Swarup." In: *The Times*, 31. 12. 2008
19 Vgl. Website der Verleihfirma Fox Searchlight: http://link.brightcove.com/services/player/bcpid16829217001?bctid=5219031001
20 Suketu Mehta: *Maximum City. Bombay Lost and Found.* Vintage Books: New York 2005, S. 130
21 vgl. „*Slumdog Millionaire*'s Danny Boyle on Mumbai before the Terror" In: *Seattle News*, 3. 12. 2008
22 die Schreibung variiert, man findet auch „Kschatrijas", „Vaischyas", „Schudras"
23 *The Truman Show* (1998) ist ein Film von Peter Weir, in dem Truman Burbank, ohne sein Wissen, die Hauptrolle in einer *daily soap* spielt. Ohne es zu merken, lebt er in einer Filmkulisse und sein komplettes Leben wird von einem Millionenpublikum mitverfolgt.
24 Suketu Mehta, S. 17
25 Aravind Adiga: *The White Tiger*. Atlantic Books: London 2008, S. 64
26 vgl. seine Aussage in einem Interview: "People in India are sensitive about how they're portrayed, so there will be criticisms." http://librarykvpattom.wordpress.com/2009/01/26/q-and-a
27 Interview, *Frankfurter Allgemeine Sonntagszeitung* vom 14. 2. 2010
28 Michael Althen, „Bombay Horror Picture Show". In: *Frankfurter Allgemeine Zeitung*, 18. 3. 2009

29 „Slumdog Millionaire author Vikas Swarup on his literary career and the Manila vibe“ In: *Spot Philippines*, 23. 11. 2010, http://www.spot.ph/peopleparties/47008/slumdog-millionaire-author-vikas-swarup-on-his-fairy-tale-literary-career-and-the-manila-vibe/2
30 vgl. Suketu Mehta, S. 349
31 Nach der Oscar-Verleihung änderte sich diese Einstellung.
32 Amitava Kumar: „Slumdog Millionaire's Bollywood Ancestors“ In: *Vanity Fair*, 23. 12. 2008 http://www.vanityfair.com/online/oscars/2008/12/slumdog-millionaires-bollywood-ancestors.html
33 ibid.
34 vgl. Peter Freese, S. 57 ff.
35 vgl. http://www.telegraph.co.uk/finance/newsbysector/mediatechnologyandtelecoms/4633228/Random-House-cashes-in-on-Slumdog-Millionaire-success.html
36 "Oscars 2009: How Slumdog Millionaire hit the jackpot." http://www.guardian.co.uk/film/filmblog/2009/feb/24/oscars-danny-boyle
37 Mark McDonald: „A Diplomats Unlikely Rise to Slumdog Acclaim.“ In: *The New York Times*, 1. 4. 2009
38 Salman Rushdie: „*Slumdog Millionär* ist zum Davonlaufen.“ In: *Frankfurter Allgemeine Zeitung*, 14. 3. 2009, Nr. 62, S. Z1

Ihre Meinung ist uns wichtig!

Ihre Anregungen sind uns immer willkommen. Bitte informieren Sie uns mit diesem Schein über Ihre Verbesserungsvorschläge!

Titel-Nr.	Seite	Vorschlag

Bitte hier abtrennen

Lernen • Wissen • Zukunft
STARK

Bitte hier abtrennen ✂

Zutreffendes bitte ankreuzen! Die Absenderin/der Absender ist:

- ☐ Lehrer/in in den Klassenstufen: ____________
- ☐ Fachbetreuer/in
  Fächer: ____________
- ☐ Seminarlehrer/in
  Fächer: ____________
- ☐ Regierungsfachberater/in
  Fächer: ____________
- ☐ Oberstufenbetreuer/in
- ☐ Schulleiter/in
- ☐ Referendar/in, Termin 2. Staatsexamen: ____________
- ☐ Leiter/in Lehrerbibliothek
- ☐ Leiter/in Schülerbibliothek
- ☐ Sekretariat
- ☐ Eltern
- ☐ Schüler/in, Klasse: ____________
- ☐ Sonstiges: ____________

STARK Verlag
Postfach 1852
85318 Freising

21-V1P

Bitte ausfüllen und im frankierten Umschlag an uns einsenden. Für Fensterkuverts geeignet.

Kennen Sie Ihre Kundennummer? Bitte hier eintragen.

Absender (Bitte in Druckbuchstaben!)

Name/Vorname

Straße/Nr.

PLZ/Ort/Ortsteil

Telefon privat **Geburtsjahr**

E-Mail

Schule/Schulstempel (Bitte immer angeben!)

Unterrichtsfächer: (Bei Lehrkräften!)

(Bitte blättern Sie um)

Deutsch Prüfungstraining Literatur

Prüfungstraining Literatur
Liebeslyrik ... Best.-Nr. 1045401
Prüfungstraining Literatur – Baden-Württemberg
Peter Stamm: *Agnes* ... Best.-Nr. 8454001
Prüfungstraining Literatur – Niedersachsen
Christian Kracht: *Faserland* ... Best.-Nr. 3454001
Prüfungstraining Literatur – NRW
Thomas Mann: *Buddenbrooks* ... Best.-Nr. 5454001
Prüfungstraining Literatur – NRW
J. W. v. Goethe: *Iphigenie auf Tauris* ... Best.-Nr. 5454003

Englisch Interpretationen

Albee:
Who's afraid of Virginia Woolf? ... Best.-Nr. 2500101
Atwood: *The Handmaid's Tale* ... Best.-Nr. 2500181
Auster: *Moon Palace* ... Best.-Nr. 2500031
Boyle: *The Tortilla Curtain* ... Best.-Nr. 2500131
Bradbury: *Fahrenheit 451* ... Best.-Nr. 2500141
20th Century English Short Stories ... Best.-Nr. 2500151
Fitzgerald: *The Great Gatsby* ... Best.-Nr. 2500191
Golding: *Lord of the Flies* ... Best.-Nr. 2500051
Hornby: *About a Boy* ... Best.-Nr. 2500201
Huxley: *Brave New World* ... Best.-Nr. 2500281
Ishiguro: *The Remains of the Day* ... Best.-Nr. 2500171
Lee: *To Kill A Mockingbird* ... Best.-Nr. 2500231
Lessing: *The Fifth Child* ... Best.-Nr. 2500071
MacLaverty: *Cal* ... Best.-Nr. 2500161
Priestley: *An Inspector Calls* ... Best.-Nr. 2500081
Russell: *Educating Rita* ... Best.-Nr. 2500061
Salinger: *The Catcher in the Rye* ... Best.-Nr. 2500111
Shakespeare: *Macbeth* ... Best.-Nr. 2500011
Shakespeare: *Much Ado About Nothing* Best.-Nr. 2500241
Shakespeare: *Romeo and Juliet* ... Best.-Nr. 2500041
Shaw: *Pygmalion* ... Best.-Nr. 2500121
Shepard: *True West* ... Best.-Nr. 2500211
Swarup: *Q & A: Slumdog Millionaire* ... Best.-Nr. 2500271
Williams: *A Streetcar Named Desire* ... Best.-Nr. 2500221

Englisch Training

Themenwortschatz ... Best.-Nr. 82451
Grammatikübungen ... Best.-Nr. 82452
Übersetzung ... Best.-Nr. 82454
Grundlagen, Arbeitstechniken und
Methoden mit Audio-CD ... Best.-Nr. 944601
Sprechfertigkeit mit Audio-CD ... Best.-Nr. 94467
Sprachmittlung ... Best.-Nr. 94469
Abitur-Wissen
Landeskunde Großbritannien ... Best.-Nr. 94461
Abitur-Wissen Landeskunde USA ... Best.-Nr. 94463
Abitur-Wissen
Englische Literaturgeschichte ... Best.-Nr. 94465
Klausuren Englisch Oberstufe ... Best.-Nr. 905113

Kompakt-Wissen Abitur
Themenwortschatz ... Best.-Nr. 90462
Kompakt-Wissen Abitur
Landeskunde/Literatur ... Best.-Nr. 90463

Spanisch

Kompakt-Wissen Abitur
Wortschatz Oberstufe ... Best.-Nr. 945401

Französisch Interpretationen

Camus: *L'Etranger/Der Fremde* ... Best.-Nr. 2550041
Sartre: *Huis clos/*
Geschlossene Gesellschaft ... Best.-Nr. 2550051
Schmitt: *Oscar et la dame rose* ... Best.-Nr. 2550071

Französisch Training

Landeskunde Frankreich ... Best.-Nr. 94501
Themenwortschatz ... Best.-Nr. 94503
Textarbeit Oberstufe ... Best.-Nr. 94504
Sprachmittlung · Übersetzung ... Best.-Nr. 94512
Abitur-Wissen
Französische Literaturgeschichte ... Best.-Nr. 94506
Klausuren Französisch Oberstufe ... Best.-Nr. 105011
Kompakt-Wissen Abitur
Themenwortschatz ... Best.-Nr. 945010
Kompakt-Wissen Abitur
Kurzgrammatik ... Best.-Nr. 945011

Latein Training

Abitur-Wissen
Lateinische Literaturgeschichte ... Best.-Nr. 94602
Abitur-Wissen Römische Philosophie ... Best.-Nr. 94604
Abitur-Wissen Prüfungswissen Latinum Best.-Nr. 94608
Klausuren Latein Oberstufe ... Best.-Nr. 106011
Kompakt-Wissen Kurzgrammatik ... Best.-Nr. 906011

Bestellungen bitte direkt an:
STARK Verlagsgesellschaft mbH & Co. KG · Postfach 1852 · 85318 Freising
Tel. 0180 3 179000* · Fax 0180 3 179001* · www.stark-verlag.de · info@stark-verlag.de
*9 Cent pro Min. aus dem deutschen Festnetz, Mobilfunk bis 42 Cent pro Min.
Aus dem Mobilfunknetz wählen Sie die Festnetznummer: 08167 9573-0

Lernen • Wissen • Zukunft
STARK

21-V1P